부자가 되지 못하는

40가지
함정

하수가 부자 되는 실용 POINT 40가지

부자가 되지 못하는

40가지 함정

이타쿠라 유이치로 지음
김창수 감수 · 편역 | 안양동 옮김

하수가 부자 되는 실용 POINT 40가지

RITEC
CONTENTS

〈부자가 되지 못하는 40가지 함정〉을 감수·편역하면서 이 책의 내용에 많이 동감했습니다. 본 감수·편역자는 적지 않은 세월 동안 금융기관에 PB로 종사하고 경험을 쌓아 왔습니다. 그러면서 자연스레 많은 부자를 만날 수 있었지요. 부모님의 재산을 물려받은 상속형 부자, 밑바닥부터 시작해 부를 쌓은 자수성가형 부자, 공부를 열심히 하여 노력으로 이룬 학업성취형 부자, 운이 좋게 사업이 대박이나 행운을 움켜쥔 행운형 부자 등 다양한 유형의 부자들이 있었습니다.

부자들의 유형이 다양한 만큼 이분들에게서 태생적 공통점은 특별히 찾을 수 없었습니다. 하지만 한 가지! 가장 중요한 공통 요소를 발견했습니다. 바로 돈과 가치의 본질에 대한 이해와 깨달음이 일반인과는 달랐다는 점입니다. 그들은 누구보다도 동물적인 감각으로 핵심을 꿰뚫고 있었습니다.

본 감수자는 일반인들도 충분히 갖출 수 있는 능력이라고 믿고, 이 책이 그것을 정확히 설명하는 데 가장 효과적이라고 생각했습니다. 그래서 이 책을 읽는 독자들에게 더욱 유용한 정보를 제공하기 위해 다음의 자료를 참고하여 장마다 실용 POINT를 추가로 작성했습니다.

워런 버핏 투자법. 로버트 해그스트롬 저. 김중근 역. 청림출판. 2004.
새무얼 스마일즈의 검약론. 새뮤얼 스마일스 저. 이은정 역. 21세기북스. 2006.
세상을 보는 지혜. 쇼펜하우어 저. 권기철 역. 동서문화사. 2007.
현명한 투자자. 벤저민 그레이엄 저. 박진곤 역. 국일증권경제연구소. 2007.
블랙 스완. 나심 니콜라스 탈레브 저. 차익종 역. 동녘사이언스. 2008.
피터 드러커의 위대한 통찰. 크레이그 L. 피어스 · 조셉 A. 마시아리엘로 · 히데키 야마와키 저. 권오열 · 이미숙 역. 한스미디어. 2009.
불편한 경제학. 세일러 저. 위즈덤하우스. 2010.
왜 똑똑한 사람이 어리석은 결정을 내릴까?. 마이클 모부신 저. 김정주 역. 청림출판. 2010.
세상은 2대 8로 돌아가고 돈은 긴꼬리가 만든다. 황샤오린 · 황멍시 저. 정영선 역. 더숲. 2011.
스마트한 생각들. 롤프 도벨리 저. 두행숙 역. 걷는나무. 2012.
재테크의 거짓말. 홍사황 저. 위즈덤하우스. 2011.
돈 버는 선택 VS 돈 버리는 선택. 잭 오터 저. 이건 역. 부키. 2012.
머니위닝게임. 임준범 저. 리텍콘텐츠. 2013.

부자들의 생각법. 하노 벡 저. 배명자 역. 갤리온. 2013.

뇌를 훔치는 사람들. 데이비드 루이스 저. 홍지수 역. 청림출판. 2014.

49가지 마케팅의 법칙. 정연승 저. 한스미디어. 2014.

대한민국 주식투자 100년사. 윤재수 저. 길벗. 2015

Mean markets and Lizard brains. Terry burnham. John Wiley & Sons Inc. 2008.

Flash boys: A wall street Revolt. Michael Lewis. W.W.Norton & Company. 2015.

The $1 Million Reason to Change Your Mind. Pat Mesiti. Wrightbooks. 2009.

Fortune. 2011. 5. 18

CNN MONEY 등

또한 각 Lesson은 국내 현실에 적합하게 보완하고 수정하여 더욱 탄탄한 내용이 될 수 있도록 노력하였습니다.

여러분, 인간의 뇌는 몇 개라고 생각하나요? 모두 당연히 한 개라고 답할 것입니다. 하지만 정답은 세 개입니다. 믿을 수 없다고요? 절대 아닙니다. 농담 같겠지만 과학적으로 검증된 사실입니다.

첫째는 파충류의 뇌(뱀의 뇌)로서 가장 안쪽에 있으며, 즉각적인 반응과 행동을 관장한다고 합니다. 둘째는 포유류의 뇌(쥐의 뇌)로서 중간층을 차지하며 감정 및 기쁨, 분노, 슬픔 등을 지배합니다. 셋째는 영장류의 뇌(인간의 뇌)로서 파충류와 포유류의 뇌에서 수집한 정보를 조사, 분석하여 현명하고 도덕적인 결정을 내린다고 합니다.

이렇듯 사람은 세 개의 뇌를 가지고 있습니다. 이중 가장 감정적이고 파괴적인 뇌는 '뱀의 뇌'입니다. 이 뇌가 활동할 때는 비교적 이성적인 다른 뇌들이 작동을 멈추기 때문이지요. 공포, 불안, 위협을 느낄 때 작용하므로 '뱀의 뇌' 상태에 있을 때 아무리 설득하려 해도 소용없습니다. 그때는 상대가 '뱀의 뇌' 상태에서 벗어나 '인간의 뇌' 상태로 올라올 수 있도록 유도해야 하지요. 이제껏 여러분이 현명한 판단을 하지 못했던 것은 바로 '뱀의 뇌'와 감정적인 '쥐의 뇌'에 말을 걸었기 때문입니다.

현명한 판단을 내리려면 반드시 '인간의 뇌'를 사용해야 합니다. 하지만 부자가 되지 못하는 사람들 대부분은 '뱀의 뇌'나 '쥐의 뇌'로 판단하는 실수를 합니다. 앞서 열거한 부자들은 '영장류의 뇌'를 잘 이용했기 때문에 통찰력이 길러졌다고 볼 수 있습니다. 따라서 부자가 되고 싶다면 마지막 뇌를 사용해 옳은 결정과 판단을 해야 합니다. 그래야 부자 반열에 오를 수 있습니다. 이 〈부자가 되지 못하는 40가지 함정〉이 그 해답을 드릴 것입니다.

2015년 8월

감수 · 편역자 김창수

차 례

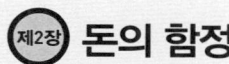

제2장 돈의 함정

제3장 생활 속 구매의 함정

제4장 주식 투자의 함정

제5장 투자대상 선정의 함정

프롤로그

옛날 옛날, 어느 작은 마을에
두 죽마고우인 김고수와 최하수가 살았습니다.
둘은 명석한 두뇌로 유명했습니다.

고수와 하수는 둘 다 명문대에 진학하였고,
또 우수한 성적으로 졸업하였습니다.
그리고 모두 도시에서 직장을 구했습니다.

두 사람의 업무처리 능력은 뛰어났지만
생활방식과 사고방식은 완전히 반대였습니다.

하수의 주변은 항상 어지러웠습니다.

일에 관해서는 꼼꼼했지만,

경제관념에서는 엉성한 점이 많았습니다.

반면 고수의 주변은 항상 정리되어 깨끗했습니다.

매달 수입과 지출도 철저하게 관리하고 있었습니다.

하수는 보여주기 식의 소비를 즐겼습니다.

유명하고 값비싼 명품을 좋아했습니다.

고수는 가계의 상황을 고려하는 소비를 했습니다.

꼭 비싸지 않더라도 합리적인 구매를 실천했습니다.

하수는 자유롭고 즉흥적인 생활을 좋아했습니다.

살고 싶은 동네가 있으면 단기간으로 집을 빌려 생활했습니다.

고수는 탄탄하고 안정적인 생활을 좋아했습니다.

입사 때부터 주택자금을 모아 자신의 집을 마련했습니다.

하수는 '한 방의 인생 역전'을 좋아했습니다.

젊었을 때부터 주식 투자, 부동산 투자에 몰두했습니다.

복권은 물론 경마나 스포츠도박에도 꾸준히 손을 댔습니다.

고수는 묵묵히 견실한 길을 걸어갔습니다.

티끌 모아 태산이라고, 작은 돈도 무시하지 않으며

저금리의 주택담보대출을 최대한 이용했습니다.

하수는 꿈을 꾸고 있었습니다.

고수는 목표를 가지고 있었습니다.

자, 이후 두 사람의 삶은…….

하수는 50세가 되어서 알아차렸습니다.

"어떻게 된 거지? 나한테는 자산이 하나도 없네……."라고.

고수는 50세가 되었을 때 결심했습니다.

"지금부터는 내가 좋아하는 일을 하면서 나답게 살자."라고.

그렇습니다.

50세가 된 고수는 많은 자산을 가지고 있었습니다.

경제적 자유와 시간적 자유를 손에 쥔 것입니다.

그렇다면, 이 두 사람의 명암을 가른 것은

과연 무엇이었을까요?

젊었을 적에는

돈이야말로 인생에서

가장 중요한 것이라고 생각했다.

지금 나이가 들어 잘 알게 되었는데

그때 그 생각이 하나도 틀리지 않았다.

– 오스카 와일드(극작가, 소설가, 시인)

감언이설에 빠져들어 기분을 내면 안 된다.
상대방이 달콤한 말로 속삭이면 그 이면에 깔린 진짜 목적을 알아내야 한다.

– 발타자르 그라시안

제1장

'달콤한 말'의 함정

포인트 시스템을 가장 처음 생각해 낸 회사는 상당한 '고수'였습니다. 하지만 포인트 시스템을 파헤쳐보면 고객에게 이것만큼 가치가 없는 시스템도 없습니다. 따라서 고객은 '큰 혜택을 주는 시스템'이라도 되는 것처럼 홍보하는 회사의 물건은 구매를 신중히 생각해 보거나 포인트의 잔액을 가능한 한 제로에 가깝게 만들도록 하세요. 그것이 바로 생활의 지혜입니다.

포인트,
쌓아두시겠습니까?

하수 "포인트를 사용하시겠습니까? 쌓아두시겠습니까?"라고 점원이 물으면, 곧바로 "쌓아두겠습니다!"라고 대답하는 사람

고수 "5퍼센트 포인트 환원!"이라고 홍보하며 포인트 카드를 만들어 손님들이 자기 가게에서만 물건을 구매하게 만드는 상점

    이 포인트 카드는 여러분이 이미 알고 있을 텐데요. 대형마트, 음식점, 의류판매장 등에서 발행하고 있는 그것입니다. 가게마다 전용카드를 발행하고 그 가게에서 물건을 살 때마다 포인트를 적립해 줍니다. 그렇게 쌓인 포인트는 그 가게에서 다시 물건을 살 때 '화폐'로 이용할 수 있지요. 그리고 포인트가 많이 쌓이면 상당한 액수가 되기 때문에

마치 엄청난 혜택을 보는 느낌이 듭니다. 비행기의 항공마일리지 시스템도 이와 비슷하지요.

　그런데 여러분, 잘 생각해 보세요. 포인트 시스템이 있는 가게에서 포인트를 쌓아두지 않고 그때그때 전부 활용하여 물건을 구매하는 것과 그 가게에서 여러 번 물건을 사면서 포인트를 쌓아두었다가 나중에 한꺼번에 이용해 물건을 구매하는 것 가운데 어느 쪽이 더 이익일까요? 후자라고요? 정답은 놀랍게도 '포인트를 쌓아두지 않고 그때그때 전부 활용하여 물건을 구매하는 것'입니다. 고객의 입장에서 포인트 쌓아두기로 얻는 이익은 안타깝지만 단 하나도 없습니다.

　그렇다면 '포인트'는 도대체 무엇일까요? 쉽게 말해 그 가게에서 물건을 구매했을 때 '할인을 받을 수 있는 권리'라고 할 수 있습니다. '그 가게에서만 사용할 수 있는 돈'이라고도 표현할 수 있고요. 경제용어를 사용하여 설명하면 포인트는 고객이 가게에 자기 현금을 맡겨두고 그 증거로서 받게 되는 '채권'이라고 할 수 있습니다.
　포인트를 쌓아두지 않고 물건을 구매하는 경우와 포인트를 쌓아서 같은 가격의 물건을 구매하는 경우를 비교해 봤을 때, 포인트를 쌓아놓으면서 물건을 구매하는 쪽이 당장 지갑에서 나가는 현금이 더 많습니다. 즉 포인트를 쌓아두는 행위는 현금을 지급해 그 가게에서만 사용할 수 있는 포인트를 구매하는 행위와 전혀 다르지 않습니다.

　실제로 포인트 쌓아두기는 선불(선지급)결제방식과 같습니다.
　선불카드의 경우에 고객은 '자기가 돈을 지급해 선불 포인트를 구매하고 있다'는 사실을 분명히 인식하고 있으므로 10년에 걸쳐 사용할 분량의 포인트를 지금 한꺼번에 구매하는 행위, 즉 필요 이상으로 선불 포인트를 쌓아두는 것과 마찬가지인 행동은 당연히 하지 않을 것입니다.
　그런데 포인트 시스템의 경우에는 상품 가격에 미리 선불요금이 포함되어 있으므로 포인트를 쌓아두면서 '내 돈을 내서 포인트를 구매하고 있다'는 인식을 하기가 쉽지 않습니다.

　이것이 기업 입장에서는 고객이 모르는 사이에 '고정고객 확보'와 '무이자 자금조달'이라고 하는 일거양득의 이점을 갖는 셈이지요.
　그 증거로 포인트에는 이자가 붙지 않습니다. 오히려 시간이 지나면서 포인트의 효력이 사라지는 경우도 있습니다. 관점을 바꿔서 생각해본다면 '고객이 그 가게에 무이자로 그것도 일정 기간이 지나면 장부에서 소멸하는 돈을 빌려주고 있는 구조'라고도 할 수 있지요.

　어떤가요? 고객에게는 아무런 이익이 없는 것 같지 않나요? (다만 수많은 포인트 시스템 가운데에는 포인트에 이자가 붙는 시스템도 있고, 포인트가 일정

금액 이상이 쌓여야만 사용할 수 있는 시스템도 있습니다) 포인트 시스템은 고객에게는 아무런 이익이 없을 뿐만 아니라 불리한 위험만 있을 뿐입니다.

예를 들어 포인트를 맡겨두고 있는 가게나 경영 회사가 도산하면 그 포인트는 아무런 가치도 없어지게 됩니다.

만약에 포인트를 보유하고 있는 고객들이 그 가게로 몰려가서 그동안 쌓아놓은 포인트로 물건을 구매하려고 한다면 어떻게 될까요? 그 가게는 현금으로 들어오는 수입이 없는 채로 물건을 내주어야 하므로 재무적으로 매우 위험한 상태에 빠지게 될 것입니다. 이러한 '포인트 사용 소동'이 일어나면 그 가게는 포인트 시스템을 동결시킬 수도 있습니다.

그렇다면 포인트 시스템을 가장 현명하게 활용할 수 있는 방법은 과연 무엇일까요?

정답은 정말로 단순합니다. 상품을 구매할 때마다 가능한 한 포인트 잔액을 최대한 적게 만들려고 노력하는 것입니다. 예를 들어 고가 물건과 저가 물건을 동시에 구매할 경우에는 고가 물건을 먼저 구매하여 포인트를 '일시적'으로 최대로 만듭니다. 그러고 나서 곧바로 그 포인트를 활용하여 저가 물건을 구매하는 것이지요. 그러면 포인트라는 이름으로 '가게에 무이자로 돈을 빌려주는 시간'을 최대한 짧게 만들 수 있습니다.

기업에서 포인트를 회계 처리할 때에는 '대변(貸邊)의 충당금'으로 처리합니다. '빌려준다(貸)'는 글자가 있어서 헷갈리기 쉽지만, 대변(貸邊)은 회계용어로 부채를 의미합니다. 즉 기업에서는 포인트를 '고객에게 빌린 돈'으로 취급하고 있는 것이지요. 그것도 앞서 말한 것처럼 이자가 전혀 없이 빌린 돈입니다.

가게 입장에서 이보다 더 기분 좋은 부채는 아마도 없을 것입니다. 그래서 점원은 고객이 물건을 구매할 때 반드시 이렇게 묻는 것이지요. "포인트를 쌓아두시겠습니까?"

물론 일부 항공회사에서 제공하고 있는 항공마일리지와 같이 포인트가 어느 일정 수준을 넘지 않으면 그 포인트를 사용할 수 없는 시스템일 경우에는 지금 설명해 드린 것과 같은 대응은 할 수 없을 것입니다. 그렇지만 최근에는 이런 식의 마일리지 포인트 같은 경우도 다른 상품을 구매하는 데 이용할 수 있도록 바뀌고 있습니다. 이 경우에도 포인트가 쌓이면 곧바로 전부 사용하기 바랍니다.

돈을 올바르게 사용하는 방법이란 이론적으로 매우 단순합니다. 시간이 지나면 지날수록 돈이 늘어날 수 있는 곳에 무조건 돈을 두는 것. 늘어나지 않거나 줄어들 가능성이 있는 곳에는 절대로 두지 않는 것. 단지 이것뿐입니다. 이 관점에 기초해 보더라도 포인트 시스템에 여러분의 소중한 돈을 묶어둘 이유는 전혀 없습니다.

따라서 이제부터 가게에서 계산할 때 점원이 "포인트를 쌓아두시겠습니까? 사용하시겠습니까?"라고 묻는다면 이렇게 다시 물어보세요.

"내 돈을 여기 가게에 맡겨두는 건데 '포인트(돈)를 맡아 드릴까요?'라고 묻는 게 이상하지 않나요?"라고 말이지요.

그런데 같은 비율의 단순한 가격할인과 비교했을 때 고객에게는 아무런 이익도 없는 포인트 시스템이 왜 이렇게 유행할까요? 그것은 바로 사람의 심리를 파고들어 고객을 확보하는 데 포인트 시스템의 효과가 상당히 뛰어나기 때문입니다.

우선 포인트가 쌓이면 왠지 모르게 그냥 즐거워지지요. 그래서 일단 포인트가 쌓이기 시작하면 더 많이 쌓으려는 생각에 포인트를 사용하지 않고 그냥 놔둡니다. 그리고 포인트가 많이 쌓이면 고가의 물건을 '포인트만으로' 구매할 수 있습니다. 그러면 이때 사람들은 이렇게도 생각합니다. "이야. 돈을 한 푼도 안 들이고 샀네. 크게 이익을 봤는걸!"이라고 말이지요.

하지만 이것은 정말 큰 착각입니다. 절대로 공짜로 얻은 것이 아니지요. 단지 가게에 '빌려주고 있던 돈'을 상품이라는 형태로 돌려받았을 뿐입니다. 그야말로 인간의 심리적인 특성을 교묘하게 이용하는 시스템입니다. 반대로 말하면 가게는 무조건 이득만 보는 구조이지요.

무엇보다도 큰 이득은 포인트 시스템을 이용해 손님을 고정고객으로 확보한 것입니다. 한 번 포인트 쌓기를 시작한 고객은 더 많은 포인트를 쌓기 위해 어떻게 해서든지 같은 가게를 이용하려고 합니다. 결국, 고객은 가게의 마르지 않는 샘이 되어주는 것입니다.

그리고 지금까지 계속 설명한 것처럼 포인트라는 형태로 고객에게 돈을 무이자로 빌릴 수 있습니다. 더구나 고객이 그 사실을 전혀 알아차리지 못한다는 점이 장점이지요. 또한, 시간이 지나면 그 부채는 장부에서 사라지기도 합니다.

포인트 시스템을 가장 처음 생각해 낸 회사는 상당한 '고수'였습니다.

하지만 포인트 시스템을 파헤쳐보면 고객에게 이것만큼 가치가 없는 시스템도 없습니다. 따라서 고객은 '큰 혜택을 주는 시스템'이라도 되는 것처럼 홍보하는 회사의 물건은 구매를 신중히 생각해 보거나 포인트의 잔액을 가능한 한 제로에 가깝게 만들도록 하세요. 이것이 바로 생활의 지혜입니다.

마지막으로 포인트 시스템을 활용하고 있는 기업에는 이처럼 '조삼모사'와 같은 시스템으로 고객의 눈먼 돈을 긁어모으기보다 본질적인 서비스 향상에 노력하기를 고객의 한 사람으로서 바라는 바입니다.

티끌 포인트 모아 부자 되기

Lesson 1에서는 포인트를 쌓아두지 말고 즉시 사용하는 것이 현명하다고 강조하였습니다. 그렇지만 안타까운 것은 소비자의 당연한 권리인 포인트에 대해 전혀 관심을 두지 않는 사람이 많다는 것입니다. 그러면 해당 포인트를 운영하는 기업에만 좋은 일인데도 말이지요.

이론 못지않게 일상생활에서 적용할 수 있는 'HOW TO' 또한 중요합니다. 지금부터 포인트를 실제로 적립하고 모으는 방법에 대해서 알려드릴게요.

여러 가지 방법이 있지만, 그중 간단하게 사용할 수 있는 애플리케이션(이하 '앱') [시럽]을 통해 버려지는 돈을 한 번 모아보도록 하지요. 자, 알면서도 놓치고, 몰라서 못 챙긴 포인트를 관리해 봅시다!

📢 [시럽]이 뭔가요?

온갖 할인 카드, 적립 카드, 쿠폰 등을 무겁게 들고 다녔나요? 포인트를 모아 현명한 소비를 하려는 그 자세는 매우 좋습니다. 하지만 [시럽]과 같은 앱을 이용하면 지갑이 빵빵하게 적립 카드를 들고 다니지 않아도 되는 것은 물론 할인 정보나 쿠폰, 상품권을 손쉽게 얻을 수 있습니다.

이제부터 우리가 자세히 살펴볼 기능은 '포인트'에 관한 부분입니다.

 다운 및 사용 방법 안드로이드 기준으로 작성하였습니다.

1. 우선 구글스토어에서 '**SYRUP**' 또는 '시럽'을 검색하여, 앱을 다운 받아 실행해 주세요.
2. [동의하고 시작하기] 버튼을 클릭합니다.
3. '기존에 발급한 카드를 한번에 받을 수 있습니다. 진행하시겠습니까?' 라는 안내창이 뜨면

   [확인] → 사용자 인증으로 넘어감

   [건너뛰기] → 아무것도 등록되지 않음. 하나하나 추가해야 함

   * 가능한 한 [확인]을 눌러 자동으로 등록되게 하세요.
4. [사용자 인증] 내 생일, 성별, 내국/외국, 휴대폰 번호를 통해 나와 연결된 여러 카드의 정보를 받아올 수 있습니다. 모든 정보를 직접 입력해야 합니다. 빈 칸을 다 채우고 휴대폰이나 **IPIN** 둘 중 하나로 본인 인증하면 완료!
5. [카드] 카테고리 → 기존에 발급 받았던 카드들이 전부 뜬 게 보이지요?

6. 자동으로 등록된 카드 외에 불러오기가 안 되었거나 새로 가입하고 싶은 카드가 있다면 [+] 버튼 클릭 → [모든 카드 보기] or [추천, 신규, 인기 멤버십 메뉴에 들어가기] or [오른쪽 상단에 위치한 돋보기 버튼 누르기] → 세 가지의 방법 중 원하는 방법으로 검색

7. 원하는 카드를 발견하였다면 들어가서 카드 아래 [발급 받기] 클릭 → 바코드와 포인트가 나오면 정상적으로 연동된 것입니다.

8. [시럽]과 연동되지 않은 포인트 카드를 등록하고 싶으면 어떻게 해야 하나요?

　　[직접 등록] → 원하는 카드 정보를 입력하면 등록됨

자～ 필요한 카드를 모두 불러 왔나요? 그러면 지금부터 포인트 확인과 활용을 해봅시다.

9. 해당 카드를 클릭하면 → 잔여 포인트, 바코드, 모바일 웹사이트, 사용 가능한 브랜드, 소식&이벤트, 혜택안내, 사용 내역, 공지, 쿠폰 등 유용한 정보들을 한 눈에 확인 가능합니다.

 이 밖의 매뉴얼 활용 TIP!

- 블루투스를 켜면 근처 매장의 상품 할인 정보, 이벤트, 쿠폰 등을 실시간으로 받을 수 있음
- 좌측 상단의 [≡] → [포인트 거래소] → **OK**캐쉬백 포인트를 다른 카드 포인트로 교환 가능
- [메뉴] → [포인트 통합조회] → 각 카드 별로 포인트를 확인할 수 있음

📢 분야별 카드 현황 인기 순위를 참고하여 작성하였습니다.

- 주유: S−OIL 보너스 카드, 엔크린 보너스 카드, 현대오일뱅크 …
- 자동차: 기아 자동차(레드 멤버스), 현대 자동차(블루 멤버스) …
- 뷰티: 뷰티 포인트(아모레퍼시픽), 미샤, 스킨푸드 …
- 마트, 백화점: 홈플러스 훼밀리카드, 신세계포인트, 롯데백화점 영카드 …
- 통합: **CJ ONE**, 해피포인트, **OK Cashback**, **GS&POINT** …

이처럼 다양한 분야의 카드 포인트를 모을 수 있습니다! 포인트를 스마트폰에서 한 번에 모아 볼 수 있는 유용한 앱이 [시럽]만 있냐고요? 그렇지 않습니다. [스마트 월렛, 모카 월렛, YAP …] 직접 검색하면 더 많은 앱이 있으므로 자신에게 맞는 앱을 골라 쓰면 됩니다.

하나 더! 통신사 포인트는 꼭 챙겨야 하는 거 알지요? 휴대전화 개통 이후 매년 그 사용량의 일정 금액이 멤버십 포인트로 들어옵니다. 이 포인트는 일정기간 사용하지 않으면 소멸하는 시스템입니다. 한 해 통신사 포인트 소멸이 5천억 원이라는 통계가 있습니다. 그러니 소멸 전에 빨리 사용하는 것이 현명합니다. 포인트 사용법을 잘 모르는 부모님께 사용법도 알려드리고 함께 사용해 보는 것도 좋겠습니다. 통신사에 따라서 가족끼리 양도가 가능하니 여러분과 가족이 가입한 통신사의 멤버십 제도 및 약관을 미리미리 확인해 보도록 하세요. 그리고 다른 통신사 포인트를 가지고 있는 친구에게 구매를 부탁하는 친구찬스도 묘수겠습니다. 잠들어 있던 포인트를 깨워 사용할 때입니다.

각 통신사마다 각종 베이커리, 마트, 편의점, 패밀리레스토랑, 카페, 영화관, 여행, 뷰티와 헬스 분야, 놀이공원 등 포인트로 누릴 수 있는 다양한 할인 혜택이 있습니다.

이렇게 혜택이 많은데 모르고 안 쓰면 손해겠지요? 포인트를 쌓아 놓기만 하고 쓰지 않으면 기업만 좋은 일시키는 겁니다. 기업은 알게 모르게 돈을 벌어들이고 있는 것이지요. 기업들의 교묘한 꼼수 마케팅을 피해 우리의 권리를 악착같이 찾고 지켜내는 것이 좋겠지요. 소비자의 당연한 권리니까요! 우리 모두 현명한 소비 습관을 기르도록 합시다.

또한 매년 1천억 원 이상 소멸되는 Z종 포인트를 기부에 사용하는 것도 좋은 방법이겠네요.

대출 금리는
제로!

하수　"뭐라고? 대출 금리가 제로라고? 이 회사는 참으로 인심이 좋군!" 하
면서 필요하지도 않고 별로 쓸 일이 없는 마사지 기계나 주방 용품
등을 TV 홈쇼핑에서 구매하는 사람

고수　"대출 금리는 제로!"라는 광고로 고객의 구매의욕을 부추기는 TV 홈
쇼핑 회사

　이야기를 시작하기 전에 먼저 확실히 이해해 둬야만 하는 것이 있습
니다. TV 홈쇼핑을 보다 보면 곧잘 "할부로 구매를 하더라도 이자에 해
당하는 부분은 받지 않습니다. 무이자입니다."라는 점을 강조하는 장
면을 볼 수 있습니다. 가게에서 신용카드를 사용해 상품을 구매할 때에

할부로 하면 대부분 이자 부담이 발생하기 때문에 이러한 이야기를 들으면 확실히 이익을 많이 보는 것 같다는 생각이 들 것입니다.

하지만 실제로 '금리 제로(무이자)!'라고 하는 것은 어디까지나 "표현의 눈속임"에 지나지 않는 경우도 있습니다.

TV 홈쇼핑 회사는 '금리 제로!'라고 광고를 하지만 특별한 것이 아닙니다. "할부로 구매하더라도 이자는 받지 않습니다!"라고 전달함으로써 고객에게 엄청난 혜택을 주는 느낌만 들게 할 뿐이지요. 하지만 고객이 할부를 통해 지급해야 할 이자를 미리 상품 가격에 반영해 놓았기 때문에 회사는 절대 손해를 보지 않습니다.

다시 말하면 할부 이자에 해당하는 금액을 처음부터 그 상품을 구매하는 고객이 부담하는 것이지요. 그런데도 "뭐? 할부로 사는데도 이자가 전혀 없다고? 엄청난 혜택인데!"라고 생각하면서 고객이 상품을 구매한다면 회사는 쾌재를 부를 일입니다.

'금리 제로!'라는 표현은 문제가 있어 보이는 광고이지만 이런 광고를 하는 기업을 모두 악덕기업이라고 할 수 없습니다. 적어도 이자에 해당하는 금액을 '금리' 형태로 받으니 거짓말을 하고 있다고 할 수 없기 때문이지요. 그저 '고수'일 뿐입니다. (다만 비슷한 표현이라 하더라도 "금리는 우리 회사가 부담합니다."라고 할 경우에는 실제로는 부담을 하고 있지 않기 때문에

'거짓광고, 허위광고'라고 해도 과언은 아닙니다.)

결국 중요한 것은 소비자가 '금리 제로!'라고 하는 표현이 속임수임을 눈치챌 수 있을 정도로 '돈에 관한 소양'을 높여야 합니다.

자, 그럼 TV 홈쇼핑에 속지 않으려면 어떻게 해야 할까요?

어렵지 않습니다. 만약 갖고 싶은 상품이 있는데 그 상품이 "할부로 구매하더라도 이자에 해당하는 부분은 받지 않겠습니다."라고 광고한다면 '반드시 할부로 구매'하는 것입니다. 절대로 현금 일시불로 구매해서는 안 됩니다.

왜 그러냐고요?

할부로 구매하든 현금 일시불로 구매하든 상품 가격에 변동이 없다고 할 때 현금 일시불로 구매한 사람은 '(할부로 구매하지 않았는데도) 할부 이자에 해당하는 만큼의 금액을 사전에 지급한 것'과 마찬가지임을 의미합니다. 그만큼 명백히 손해를 보게 되는 것이지요.

물론 '할부 구매 절차가 귀찮아서 현금 일시불이 더 좋다'고 생각한다면 그것은 어디까지나 여러분 자유입니다. 하지만 그럴 경우에도 여러분이 '귀찮다'고 생각함으로써 잃게 되는 돈의 액수는 '상품 가격에 미리 반영되어 있는 이자에 해당되는 만큼의 액수'라는 사실은 인식하고 있기 바랍니다.

돈에 대해서 이렇게까지 세밀하게 생각하는 것은 분명 번거로운 일입니다. 그렇지만 귀찮은 생각에 돈의 구조에 대한 공부를 게을리하거나 공부한 것을 제대로 실천하지 않으면, 그만큼 돈이라고 하는 존재는 여러분에게서 멀어져 갈 것입니다.

만약 상장주식처럼 어느 증권회사에서 구매하더라도 상품의 내용(리스크와 이율)이 같은 금융 상품을 한 증권회사만이 '할부 구매 대환영! 금리는 제로!'라고 TV 홈쇼핑처럼 판매하그 있다면 어떻게 하겠습니까? 당연히 이 금융회사로부터 할부로 이 금융 상품을 사야만 하겠지요. 왜냐하면, 할부로 구매한 덕분에 당장 사용하지 않는 돈을 다른 투자처에 운용할 수 있기 때문입니다.

하지만 실제로 이런 일은 없습니다. 주식과 같이 가격이 시장에서 확실할 경우에 하나의 회사만이 "우리만 할부 OK! 금리 제로!"라고 광고할 수 없기 때문이지요. 한편 TV 홈쇼핑에서 판매하는 모든 상품은 홈쇼핑 회사가 독자적인 경로로 확보한 상품입니다. 따라서 이자에 해당하는 금액을 상품 가격에 미리 반영한 다음에 '금리 제로!'라고 광고하며 판매할 수 있지요. 그뿐만 아니라 '금리 제로!'가 하나의 기폭제가 되어 고객이 계속 모이게 됩니다.

마지막으로 '배송료 무료'라는 광고문구도 이와 같은 구조이기 때문에 반드시 유념해야만 합니다.

마술 같은 속임수, 무이자 할부를 조심하라!

K 양의 사례

K 양은 TV 채널을 바꾸다가 우연히 홈쇼핑 채널을 보게 된다. 마침 방송에서는 평소 눈여겨 둔 M 사의 핸드백을 판매한다.

세련된 디자인과 색깔, 실용성 등 K 양의 취향을 저격하는 핸드백이라서 당장 사고 싶지만 가격이 부담스러워 다시 망설인다. 일시불로 결제하면 이번 달 생활이 어렵다. 바로 그때! 그녀의 눈길을 사로잡은 다섯 글자 '무이자 할부'. 홀린듯이 곧바로 전화를 들어 주문을 한다.

며칠 뒤 K 양은 인터넷 서핑을 하다가 충격적인 사실을 알게 된다. 호기롭게 구매한 가방이 인터넷에서는 더 싸게 팔고 있었던 것이다. 계산해 보니 무이자 할부보다 카드 할부 수수료를 내고 사는 편이 더 저렴하다.

가격을 고민하다 산 물건이 다른 곳에서 더 싸게 파는 사실을 알게 된 경험이 있나요? 나중에 알게 되면 분하지만 어디다 하소연할 수 없어 더 억울합니다. 무이자 할부라는 말만 믿고 샀는데……. 최저가가 아니라는 사실을 알게 됐을 때의 배신감은 이루 말할 수 없습니다.

K 양의 사례처럼 TV 홈쇼핑에서는 고객의 구매를 독촉하는 문구가 화면을 가득 채웁니다. 무이자 할부, 현재 주문량 폭주, ○○개 한정, 독점 상품, 얼마 남지 않은 수량, 셀럽 워너비 등의 문구를 반짝이며 소비자의 마음을 흔들지요.

K 양은 일시불과 무이자 할부를 저울질하다 무이자 할부를 택하였습니다. 무이자 할부는 몇 개월 동안 돈을 나누어 구매해도 이자를 내지 않아 실제 가격이 매우 싸게 느껴지지요? 그런데 이자의 가격이 이미 제품에 포함되어 있다는 사실 알고 계셨나요?

예)

A 방법: 홈쇼핑에서 무이자 할부 행사 한 달에 단 5만 원

　　　　('10개월 무이자 할부' 총 50만 원)

B 방법: 인터넷 쇼핑몰 45만 원 '카드로 10개월 결제 시: 할부원금' 4만5천

　　　　원(총 45만 원) + '카드 할부 이자' 10개월 총 33,300원 + 카드 포인

　　　　트 = 483,300원 + 카드 포인트

　　　　(C카드 기준 / 100원당 할부 수수료 0.74% 기준 계산 / 신용등급 중간기준)

같은 제품을 구매하는 데 A와 B 중 어떤 방법이 저렴해 보이나요? A 방법이 더 끌리나요? 하지만 TV 홈쇼핑의 무이자 할부 구매가 인터넷 쇼핑몰에서 카드 할부 수수료를 낸 구매보다 비싸다는 계산 결과도 종종 있습니다. A는 무이자 할부라는 꼼수로 B보다 훨씬 싼 가격에 구매했다고 착각하게 한 것이지요. 만약 잘 알아본 후 인터넷에서 카드로

결제했다면 카드 포인트까지 더 쌓을 수 있었는데 두 마리의 토끼를 놓치고 말았습니다.

이 기법을 마케팅에서는 대조 효과(Contrast Effect)라고 합니다. 동일한 상품을 보여주는 시점, 위치, 방법, 금액, 진열하는 형태 등 세부 설정 등을 조정하여 달리 보이게 하는 효과이지요.

가령, 백화점에서 고객에게 처음에 비싼 제품을 보여준 뒤 그와 비교되는 낮은 가격의 제품을 보여주는 것도 하나의 전략입니다. 한 제품을 고객에게 먼저 보여줌으로써 비싸다는 인상을 남깁니다. 그러고 나서 아직 잔상이 남아 있을 때 상대적으로 더 싼 제품을 보여줘 후자에 대한 객관적인 판단을 흐리게 하는 마케팅 기법이지요. 기업은 대조 효과 마케팅을 내세워 눈속임 마케팅으로 많은 매출을 올립니다.

K 양처럼 속아 넘어가지 않을 방법이 있습니다. 기업이 대조 효과를 제시하는 즉시 구매하기보다는 꼼꼼히 비교하고 한 번 더 살피는 소비 습관을 들이세요. 정말 필요하고 원하는 제품이 아니라 단순히 무이자 할부라고 해서 덜컥 사는 습관은 버려야 합니다.

물론 K 양과 같은 소비가 나쁘다고 할 수는 없지만 현명한 소비자가 되기 위해서는 객관적인 비교와 분석이 필요합니다. 그래야만 나중에 후회할 일을 만들지 않습니다.

TV 홈쇼핑은
정말로 쌀까?

하수 연예인의 과장된 표정과 가격만 듣고서 "오, 정말로 싸군! 지금 사지
않으면 손해겠어."라면서 곧바로 주문 전화를 하는 사람

고수 같은 프로그램을 보면서도 "틀림없이 가격할인을 많이 하고 있는
데 정말로 싼 걸까? 이것만 갖고서는 판단이 안 되겠어."라면서 의심
하는 사람

　언제든 TV를 켜면 한 채널 이상에서 반드시 'TV 홈쇼핑 방송'을 합니
다. 아련한 추억 속의 낯익은 남녀 연예인이 나오는 것이 특징이지요.
저도 홈쇼핑 방송을 상당히 좋아합니다. 하지만 방송을 보면서 쇼핑을
즐기는 것이 아니라 방송에서 '능숙하게 고객의 구매욕 부추기는 방법'

을 보는 것을 즐깁니다.

"정말이에요? 홈쇼핑 상품이 생각만큼 싸지 않다고요?"

이렇게 말하는 여러분은 유감스럽지만 '하수'입니다. 노파심에 말씀 드리면 저는 홈쇼핑 방송 그 자체를 부정하는 것이 아닙니다. 단지 일 반적인 쇼핑과 마찬가지로 '구매해도 좋은 홈쇼핑 판매'와 '구매하면 안 되는 홈쇼핑 판매'가 분명히 있다는 이야기를 하고 싶습니다.

좀 더 자세하게 설명을 하겠습니다. 우선 생각해야 하는 것은 홈쇼핑 방송을 통해 물건을 구매함으로써 여러분에게서 발생하게 되는 '기회 손실'입니다. 요컨대 TV를 보면서 서둘러 물건을 구매한 그 돈으로 홈 쇼핑을 하지 않았다면 다른 무언가를 할 수 있었을 것입니다. 그런데 그 기회를 잃은 것이지요. 그래서 과연 구매가 적절했는가? 그렇지 않 은가? 를 잘 결정해야 합니다.

홈쇼핑 방송은 쇼핑 호스트나 연예인이 아주 능수능란한 말솜씨로 "이 상품을 지금 사지 않으면 당신은 큰 손해를 보게 될 것입니다!"라고 설명하는 점이 가장 큰 특징입니다.

그러니 아무리 저렴한 물건이든 아무리 희귀한 물건이든 본디 그 상 품이 여러분에게 '정말로 필요한 것'인가 아닌가가 구매를 하는 데 있 어서 가장 중점을 두어 냉정하게 생각해야 할 점이지요. 이러한 사실을 망각하고 무언가에 홀린 듯 전화하는 것이 TV 홈쇼핑을 이용하면서 범하기 쉬운 실수입니다.

따라서 일단 머리를 식히고 "여기서 지급하게 될지도 모를 돈으로 할 수 있는 것이 무엇이 있을까?"를 생각해 보세요. 예전부터 갖고 싶었는데도 참고만 있었던 물건을 살 수 있을지도 모릅니다. 이런 시간을 충분히 갖고 난 다음에 주문 전화를 하더라도 절대 늦지 않습니다.

그다음으로 중요한 것이 '가격비교'입니다. 지금 TV에서 나오고 있는 홈쇼핑 방송에서 "정말이지 너무너무 쌉니다!"라고 떠들어대는 물건의 가격이 정말로 싼지 아닌지 반드시 검토해야만 합니다.

개인적인 경험에 비춰 말씀드리면 TV 홈쇼핑 방송에서 "최저가입니다!"라고 광고하는 상품 가격보다도 훨씬 더 저렴한 가격에 같은 상품을 팔고 있는 곳을 어렵지 않게 찾아볼 수 있었습니다.

인터넷을 이용해 가격을 비교할 수 있는 웹사이트를 검색하거나 동일 상품의 가격을 판매처별로 비교하면서 확인할 수 있습니다. 또한, 온라인 숍에서도 물건에 따라서는 상당한 수준의 할인판매를 하는 곳들이 있습니다. 그뿐만 아니라 제조회사가 자체적으로 자사 인터넷 사이트를 통해 재고 처분을 위한 할인행사를 진행하는 경우도 있습니다.

TV에 나온 쇼핑 호스트나 연예인의 말을 곧이곧대로 믿을 것이 아니라 정말로 저렴한지 아닌지 우선 직접 확인하도록 하세요.

　좀 더 깊이 생각해야 하는 것은 TV 홈쇼핑 방송에서 취급하는 상품의 판매가격에 어떠한 비용들이 포함되어 있을까 하는 점입니다. 이것은 그 상품을 제공하고 있는 통신판매 회사의 비즈니스 모델을 생각해 보면 알 수 있습니다.

　TV 홈쇼핑 방송의 경우에 상품을 구매하는 비용 이외에 가장 많이 들어가는 비용은 바로 '전파사용료'로 방송 후원(스폰) 비용입니다. 이 비용은 당연히 상품의 가격에 미리 반영되어 있습니다. 이 비용을 같은 상품을 매장에서 파는 경우와 비교해서 어느 쪽이 더 저렴한지 따져봐야 합니다.

　TV 홈쇼핑 방송의 비즈니스 모델의 경우에 광고 선전비(방송 후원 비용)는 상품의 판매실적(매출액)에 대한 고정비용입니다.

　즉 상품이 많이 팔리든 팔리지 않든 광고 선전비라고 하는 경비는 변하지 않습니다. 결국에 대량으로 팔릴 수 있는 상품을 취급할수록 하나의 상품당 들어가는 비용은 낮아집니다. 이것이 바로 TV 홈쇼핑 방송 상품 비용 구조의 커다란 특징입니다.

　많은 사람이 사게 될 상품을 취급하면 같은 광고 선전비를 내고 보다 많은 매출을 올릴 수 있고, 통신판매 회사는 자신들의 매출 이익률을 향상시킬 수 있습니다. 따라서 이러한 경우에는 가게에서 판매하는 것보다 TV 홈쇼핑 방송을 통해 판매하는 것이 보다 더 싸지게 되지요. 이러한 상품은 '필요하다면' 홈쇼핑 방송을 통해서 구매하면 효과적입니다.

고객에게 생각할 시간을 주지 않고 쇼핑 호스트나 연예인이 하는 귀가 솔깃한 말들로 무조건 싸다고 느끼게 하는 TV 홈쇼핑 방송의 기본적인 판매 전략을 기억하세요. 그리고 이러한 전략에 휩쓸리지 말고 냉정하게 생각해 보고 나서 구매 여부를 결정하는 습관을 키우세요. 그렇지 않으면 여러분은 '하수'라는 낙인을 지우지 못할 것입니다.

에펠탑의 화려함에 속지 말자

📢 K 양의 사례

다시는 홈쇼핑 문구에 속지 않겠다고 다짐한 K 양. 채널을 바꾸다가 열심히 떠드는 쇼핑 호스트들이 보이자 콧방귀를 뀌어 주며 나름의 복수를 다짐한다.

그 날도 어김없이 지나치려는 찰나! K 양은 자신의 눈을 의심한다. 유명 연예인이 나와 상품을 설명하고 있다. '저렇게 유명한 사람이? 무슨 제품인데?' 본인의 생생한 체험 후기와 입이 마르도록 쏟아내는 칭찬, 결정적으로 푸짐한 구성에 저렴한 가격은 있을 수가 없다는 연예인의 말에 결국 흔들리고 만다.

'이름 있는 사람이 추천하는 거니까 믿어도 되겠지. 유명인인데 천연덕스럽게 거짓말을 할 리가 없잖아.' K 양은 의심을 거두고 전화를 들어 주문한다.

낯선 사람에게 경계심을 갖지만 차츰 만나는 횟수가 늘어나면 왠지 모를 친근감을 느낍니다. 자주 만나면 동질감도 생기지요. 새로운 디지털기기나 제품도 처음에는 사용이 서툴지만 자주 사용하면 금세 익숙해집니다. 그래서 오래 사용하면 친숙한 기분이 들고 유사한 제품이 있으면 익숙한 것에 저절로 손이 가지 않았나요?

자주 보는 것만으로 정이 들고, 호감도가 상승한다는 것인데요. 매일 만나는 같은 반 친구들과 친해지고, 출퇴근길 버스나 전철에서 매일 마주치는 얼굴에 이성적으로 끌리고, 그토록 밉던 직장 상사에게 정이 들며, 티격태격 다투며 자란 친구와 사랑에 빠지는 것 모두 그러한 예라고 할 수 있습니다. 이렇게 우리의 인식에 영향을

미치는 것을 경제학에서는 단순노출 효과(Mere Exposure Effect), 다른 말로 에펠탑 효과(Eiffel Tower Effect)라고 합니다.

왜 하필 에펠탑일까요?

에펠탑은 1889년 프랑스 대혁명 100주년을 기념하기 위해 처음 건립되었을 때만 해도 파리 예술가와 시민의 혐오 대상이었습니다. 이 거대한 철조 구조물이 고풍스러운 파리 분위기를 망쳐놓을 것으로 생각했기 때문이지요. 가까스로 철거의 위기를 모면했지만, 완공된 이후에도 시민들의 반응은 여전히 나빴습니다. 그러나 오며 가며 에펠탑을 자주

마주하면서 시민들은 점점 철조 구조물에 익숙해지고 정이 들었습니다. 마침내 에펠탑은 파리의 상징이자 하나의 자랑거리로 자리매김하지요. 훌륭한 건축물로 인정받고 전 세계적으로 사랑받게 됩니다.

에펠탑 효과는 마케팅에서 매우 자주 활용합니다. 소비자에게 제품을 단순반복노출하여 인지도를 높이고, 긍정적 이미지까지 형성하기 때문이지요. 하지만 꼭 긍정적인 것만은 아닙니다. 노이즈 마케팅도 분명 존재하니까요.

홈쇼핑에서도 마찬가지 현상이 일어납니다. 유명인이나 대중에게 호감가고 친숙한 인물을 내세워 광고 효과를 노립니다.

이렇듯 에펠탑 효과는 기업에는 유용한 방법이지만 소비자에게는 덫과 같습니다. 알아차릴 새도 없이 기업의 광고 전략에 넘어가기도 하고, 또 이성적인 판단도 못 하게 하지요.

'내가 좋아하는 연예인이 강력히 추천하는데, 한 번 사용해볼까?', '왠지 믿음직스러운걸!' 같은 소비자의 심리가 작용하여 냉정하게 판단하지 못 하고 연예인의 말만 믿겠지요. 그러니까 달콤한 말로 소비자를 꾀어내는 상술에 속지 마세요. 익숙함 뒤에 숨겨진 무시무시한 속임수를 눈치챌 줄 아는 현명한 소비자가 되어야겠지요!

프리미엄 카드를
이용하세요~!

하수 "프리미엄 카드로 계산하면 사람들이 부러워하겠지!"라는 생각에 연회비가 기존 카드의 4배나 되는 프리미엄 카드를 신청하는 사람

고수 프리미엄 카드의 이용을 권하더라도 "아니요. 지금 쓰고 있는 골드 카드도 수수료가 비싼데 그 이상은 필요 없습니다. 골드 카드로도 충분합니다."라고 대답하는 사람

대부분의 신용카드 회사는 노멀, 골드. 플래티넘, 블랙처럼 여러 단계로 회원의 등급을 구분합니다. 플래티넘 이상의 소위 '프리미엄 카드'는 회원이 되고 싶어도 자기 마음대로 될 수 있는 게 아닙니다. 카드 회사에서 '엄선한 한정된 부자들'에게만 회원이 될 수 있는 자격이 주어집

니다. 이 때문에 이러한 프리미엄 카드에는 고급회원들을 대상으로 하는 다양한 특전이 준비되어 있지요.

예를 들면 해당 카드로 구매한 물건에 대해서 높은 액수로 손해배상을 해주거나 제휴 항공사에서 추가 서비스를 받을 수 있습니다. 이런 식으로 카드 소유자가 자신을 특별한 존재, 부자라고 인식하는 '선민의식'을 교묘히 자극하는 것입니다.

다만 유념할 것이 있습니다! 그것은 바로 당연한 이야기이지만 수수료가 매우 비싸다는 점입니다. 보통 노멀의 4배, 골드의 2배 수준으로 연회비가 10만 원 이상 되기도 합니다.

이상의 내용을 종합적으로 평가하면 프리미엄 카드를 사용하면 손해일까요? 이득일까요?

이미 알고 있겠지요? 카드 회사는 앞에서 이야기한 고객의 '하수' 심리를 교묘하게 이용할 뿐입니다. 카드에 손해보험 같은 다양한 금융 상품을 추가하여 '비싼 수수료'라는 형태로 고객에게 판매하기. 이것이 바로 프리미엄 카드의 실체인 것입니다.

카드 회사 입장에서 본다면 '카드의 색깔만 바꿨을 뿐(대부분 카드는 같은 플라스틱 재질이기 때문에 회사가 부담하는 카드 발행 비용에는 거의 차이 나지 않음)인데 이익이 늘어나게 되는 것이므로 그야말로 땅 짚고 헤엄치기와 마찬가지인 장사라고 할 수 있습니다 카드를 이용하는 고객은 고액의 수수료를 '허영심'의 대가로 지급해야만 하는 것이지요. (각종 할인 등의 실질적인 캐시백 혜택도 분명히 존재하지만, 그것을 이용하는 빈도와 지급하는 수수료를 저울에 같이 올려놓고 생각해 봐야 할 일입니다.)

예전에 뉴욕에서 저명한 투자자를 만나 점심을 대접받은 적이 있었습니다. 식사가 끝나고 나서 그가 점심 비용을 계산하기 위해 카드를 제시하는 것을 봤는데 그 카드는 바로 아메리칸 익스프레스의 평범한 '그린' 카드였습니다. 정말로 저명한 투자자(누구나 인정하는 부자)는 허세를 부리기 위해 불필요한 비용을 지급할 필요가 없었던 것이겠지요.

허세부리기용 고액의 프리미엄 카드를 이용하는 사람은 '하수'라 할 수 있지만, 카드를 이용하는 가게가 '카드지급에 따른 특별요금'을 설정하고 있지 않는 한 신용카드 그 자체를 이용하는 것은 합리적인 행동이라 할 수 있습니다.

그 이유는 무엇일까요? 어느 가게이든지 고객이 신용카드를 사용했을 경우의 매출 수수료(가게가 카드 회사에 지급하는 상품의 매출액 대비 2.5~8% 정도의 수수료)는 당연히 그 가게에서 취급하는 상품의 가격에 미리 반영되어 있기 때문이지요.

이런 이유로 가게에 따라서는 카드로 지급하는 고객과 현금으로 지급하는 고객 사이에 같은 상품이나 서비스의 가격에 차이를 두기도 합니다. 주유소를 예로 들 수 있는데 현금으로 지급하는 고객에게 카드로 지급할 때보다 리터당 몇십 원에서 몇백 원 정도 할인해 주기도 합니다.

하지만 대부분 가게에서는 현금으로 지급하는 고객이든 카드로 지급하는 고객이든 상관없이 상품 가격에 차이를 두지 않고 있습니다. 이 경우에는 당연히 현금으로 지급하는 고객이 손해를 봅니다.

왜냐하면, 이런 가게에서는 모든 상품의 가격에 카드 수수료만큼의 금액을 미리 반영해 놓고 있기 때문이지요. 결국, 현금으로 지급하는 고객은 자기도 모르는 사이에 카드 수수료를 지급하고 있는 셈입니다.

'고수'라면 카드 등급을 업그레이드하는 것이 아니라 카드결제를 일체 받지 않는 가게에서 현금으로 지급하는 것입니다.

황금카드 뒤에 숨겨진 가면

 M 군의 사례

> 20대 후반까지 모태솔로였던 **M 군**. 드디어 여자친구가 생겼다. **M 군**은 어
> 떻게 자신의 능력을 보여줄지 고민이다. 남자라면 언제든 기가 죽어서는 안
> 된다는 생각에 고민 끝에 프리미엄 카드를 신청한다. 연회비나 수수료를 고
> 려하면 생활이 조금 빠듯하지만 결국 만들그 만다.
>
> 　기대하던 첫 데이트 날. 맛있는 점심 식사를 하고 나서 계산대 앞에 선다.
> **M 군**은 다소 과장된 행동으로 지갑에서 프리미엄 카드를 꺼내 계산한다. 여
> 자친구의 눈이 카드의 자태처럼 반짝이는 것을 본 **M 군**은 흐뭇한 미소를 짓
> 는다. 그 후로도 데이트마다 카드를 긁으며 행복한 시간을 보낸다. 얼마 남
> 지 않은 통장 잔고를 마주하기 전까지 말이다.

　M 군처럼 과시용으로 분에 맞지 않는 사치를 부려본 적이 있나요?
사례의 프리미엄 카드를 예로 들면, 실질적인 혜택도 있겠지만 그만큼
고액의 수수료와 연회비를 감당해야 합니다. 실제로 돈이 많은 경우를
제외하고는 남의 시선을 즐기며 허세를 부리다가 감당하기 어려운 빚
과 마주하지요.

우리 사회에는 가격이 비싸지면 판매량이 늘어나는 아이러니한 경제 논리가 존재합니다. 필요한 것보다는 비싼 것을 사려고 무리하는 경우도 많습니다. 구매 행위와 제품의 가치가 구매자의 사회적 지위나 품격을 결정한다고 하는 무의식중의 관념과 기본적인 욕구도 충족하면서 자신을 드러내는 수단으로 사용하려는 심리 때문이지요.

이 정도 브랜드의 가방은 들어줘야 잘 나가 보일 것 같은 심리, 이 정도 품질의 서비스는 이용해 줘야 남들과 차별화된 대우를 받는 듯한 허영심을 이용한 경제학 용어를 베블런 효과(Veblen Effect)라고 합니다.

베블런 효과는 물건 가격이 올라감에도 불구하고 수요가 증가하는 현상으로 사람들의 무분별한 소비심리를 반영합니다. 미국의 사회학자이자 평론가인 베블런의 이론으로 '과시적 소비'는 인간의 본능이라고 주장합니다. 그는 '과시하라. 그러면 사회의 존경이 뒤따를 것이다'라는 표현으로 현대사회의 물질만능주의를 비꼬아 자신의 성공을 과시하고 허영심을 채우기 위해 사치를 일삼는 상류사회를 비판하기도 했습니다.

기업은 남들과 다르게 소비하고 대우받기 원하는 소비자의 심리를 이용해 귀족 마케팅, VIP 마케팅 등에 심혈을 기울입니다. 이 모두 인간의 본능적인 욕구를 활용한 꼼수이지요. 필요에 의한 소비라면 말릴 수 없지만 자신을 과시하려는 허세용 소비는 절대 부자가 될 수 없습니다.

'특허 취득 상품'이 지닌 힘이란?

하수 "역시, 특허를 취득했단 말이지! 분명히 좋은 걸 거야. 특허청에서 괜히 인정했을 리가 없지!"라면서 지갑을 여는 사람

고수 특허 취득 여부와는 관계없이 자기에게 필요한 제품인지 아닌지를 신중하게 판단해 보고 나서 결정하는 사람

'특허 취득 상품!', '현재 특허 신청 중!'과 같은 광고를 하는 제품, 특히 TV 홈쇼핑 방송이나 신문 광고에서 쉽게 볼 수 있을 것입니다. 발명왕이자 특허왕 에디슨의 전기를 어려서부터 읽어서인지 '특허'를 어렵게 생각하는 것 같습니다.

그렇다면 특허는 무엇일까요?

특허란 발명에 부여하는 독점적인 권리입니다. 쉽게 말하면 어떤 사람이 새로운 것을 발명했는데 다른 사람이 그 아이디어를 훔쳐서 돈을 벌거나 이득을 취하지 못하게 하려고 국가에서 법적으로 독점적인 권리를 인정해 주는 것이지요. 따라서 특허는 특허청에 신청하고 허가를 받아야만 비로소 본인의 소유권이 인정됩니다.

하지만 이것은 어디까지나 특허를 신청한 사람과 국가 사이에 주고받는 약속에 관한 이야기일 뿐입니다. 소비자의 입장에서 생각해 본다면 어떤 상품에 새로운 특허를 받은 무언가(예를 들면 기술)가 적용되어 있다고 하더라도 그 특허 자체가 '소비자한테 이득이 되는지' 여부는 알수가 없으니까요.

특허는 매우 다양합니다. 제품의 핵심기능 그 자체가 아니라 제조공정의 개선에 대해 특허를 취득하는 경우도 있습니다. 이러한 특허는 제조회사가 큰 이익을 얻을 수 있겠지만, 소비자와 직접적인 관계가 없기도 합니다. 그렇습니다. 기업이 상품의 발명과 관련된 특허를 취득하는 이점에는 다른 기업이 그 특허를 침해하는 상품을 제공할 경우에 판매 중지나 손해배상, 나아가 향후 사용하는 데 있어서의 특허사용료를 청구할 수 있다는 점입니다. 물론 이 모든 것이 고객에게 직접적인 이익을 가져다준다고는 할 수 없지요.

또한, 이런 경우도 있습니다. 흔히 볼 수 있는 '특허 신청 중'이라고 하는 것인데, 말 그대로 아직 특허를 받지 않은, 특허를 취득하는 데 필요한 신청을 해놓고 그 결과를 기다리고 있는 상태를 말합니다.

극단적으로 말하면 여러분 누구라도 특허를 신청할 수 있습니다. 다만 실제로 특허를 취득할 수 있는지에 대해서는 전혀 알 수 없을 뿐입니다. 이러한 이유로 '특허 신청 중'이라는 광고 문구는 소비자에게는 더더욱 '무의미한 것'이나 마찬가지이지요.

'특허'라는 단어의 사용 사례를 보면 알 수 있듯이 광고에는 소비자의 소비욕구를 무의식중에 자극할 수 있는 교묘한 표현들이 들어 있습니다. 이것은 그들 나름의 훌륭한 기법이기는 하지만 소비자는 이러한 선전 문구들에 현혹되지 않고 '자기 자신에게 필요한 것인지 아닌지'를 제대로 확인한 다음에 구매 여부를 결정해야 합니다.

그렇다고 해서 특허를 절대 가볍게 보지는 마세요. 특허권 침해에 따른 손해배상청구권은 그 특허권을 침해한 기업뿐만 아니라 특허권을 침해한 제품을 구매하여 돈을 벌고 있는 사람에게도 영향을 미칩니다.

트럭 제조회사가 어떤 회사의 특허권을 침해했다고 가정해 보겠습니다. 이 경우에 만약 특허권을 소유하고 있는 사람이 소송을 제기해 재판에서 승소하면 특허권 소유자는 트럭을 제조한 회사뿐만 아니라 그 트럭을 판매한 사람, 더 나아가 그 트럭을 사서 운송업을 한 사람에게까지도 손해배상을 청구할 수 있습니다.

경찰관의 제복에 현혹되지 말자

 A 양의 사례

통통한 체형의 **A 양**. 곧 다가올 여름에 워터파크에 가자는 친구들의 약속을 떠올리며 거울에 비친 자신의 살집에 놀란다. 운동만으로는 단기간에 **10kg** 이상의 체중 감량이 어려워 보조식품의 도움을 받아야겠다고 결심한다.

다이어트 보조식품의 부작용 사례가 너무 많아 시중에 나와 있는 수많은 제품 중 뭘 사야 할지 고민하는데 특허를 받았다는 한 제품이 눈에 띈다. 제품의 효능·효과가 자세하게 설명되어 있다. 그 한 줄은 조금 전까지 머릿속을 떠나지 않던 불량 업체들의 횡포를 잊게 하기에 충분하다. 게다가 누워만 있어도 살이 빠지는 신제품이라니 너무 놀랍다. 손은 이미 제품을 장바구니에 넣고 있고, 자세한 설명은 읽어보지 않고 구매하고 만다. '특허까지 받았으니 효과는 당연히 보장되겠지? 올여름엔 비키니를 꼭 입고 말겠어!'

A 양은 오직 '식약청 특허'라는 말만 맹신하여 제품을 구매한다. 그렇게 하나가 두 개가 되고, 두 개가 열 개로 늘어나는 동안 그녀에게 아무런 효과가 없다.

기술 획득, 신제품, 신상품, 특허, 외국과 기술 제휴, 독보적 기술, 신약개발, 신기술, 혁신적인 기술…….

모두 제품의 효능·효과를 선전하는 문구들입니다. 관련 기관에서 철저하게 검증받아 출시된 제품이라는 신뢰감이 강하게 들지요. 사례 속 A 양의 불신도 잠재울 만큼 소비자 입장에서는 믿음직스러운 표현들입니다. 하지만, '특허'라는 단어만 믿었다가는 믿는 도끼에 발등 찍힌다는 사실 잊지 마세요.

이와 관련된 재밌는 실험이 하나 있습니다. 심리학자 빅맨(Leonardo Vickman)은 권위 있는 복장만으로 사람들을 순한 양처럼 만드는 것이 얼마나 쉬운지 증명했습니다. 빅맨은 평상복과 경찰복을 입은 실험보조자를 내세워 행인들에게 쓰레기를 줍거나 잠깐 서 있으라는 지시를 하도록 했습니다. 이 실험에서 평상복을 입고 지시를 하는 경우, 대부분 지시를 따르기는커녕 오히려 이상한 사람 취급을 합니다. 그러나 경찰복을 입은 실험보조자의 지시에는 많은 사람이 순순히 따랐습니다.

이처럼 권위를 상징하는 복장에 따라 사람들의 태도나 행동이 달라지는 것을 심리학에서는 권위의 효과(Authority Effect)라고 합니다. 특허상품은 '권위의 효과'를 노린 일종의 마케팅, 즉 경찰관의 제복 역할을 합니다. 권위를 발휘하여 소비자의 올바른 판단을 어렵게 하는 영향을 끼칠 수 있다는 의미이지요. 특허받은 상품 전체를 부정하는 것이 아닙니다. 물론 좋은 제품도 분명히 존재합니다. 꼼꼼히 비교하고 자세히 살펴보아 구매하는 현명한 소비자가 되어야겠습니다.

LESSON 6

판촉행사장에서
유명인의 역할

하수 "역시, ○○회사는 뭐가 달라도 달라! 식사가 고급스러우면서도 맛있고, 게다가 여기 와 있는 사람들은 전부 유명한 사람들뿐이잖아!" 라면서 분위기에 휩쓸려 계약하는 사람

고수 "이 회사 결산기까지 기다렸다가 다음 결산기에도 사고 싶은 생각이 든다면 그때 가서 계약하자!"라고 판단하는 사람

미용기구에서 금융 상품에 이르기까지 판촉행사와 유명인이 한 묶음이 되어 참가자의 계약을 유도하는 판매방식은 옛날부터 많이 있었습니다. 유명인을 전면에 내세우는 방식의 판촉행사에 현혹되어 서둘러 물건을 구매하는 사람은 두 가지 의미에서 '하수'입니다.

첫 번째 생각해 볼 사항은 '내용이 충실한 상품'이라면 유명인의 이름을 빌리면서까지 광고할 필요가 있을까요? 고객이 자발적으로 찾는 매력적인 스펙이나 내용의 상품이라면 굳이 광고 전면에 유명인을 내세워 판촉행사를 열고 홍보하는 번거로운 방법을 취할 필요는 없을 것입니다. 상품 선전을 위해 '유명인을 초청해 판촉행사를 연다는 것' 자체를 의심해봐야 합니다.

두 번째로 상품의 내용이 비교적 충실해 보여도 판촉행사를 열면 거기에는 반드시 비용이 들게 마련입니다. 게다가 판촉행사에 초대된 유명인은 기업으로부터 '출연료'를 받고 오는 경우가 많고요.

이 경우에는 판매되는 상품 가격에 유명인의 출연료까지 포함된 판촉행사 비용이 당연하게 반영되지요. 그만큼 소비자의 지갑에서 불필요한 돈이 더 나가게 됩니다. 바로 이 점을 염두에 두어야 합니다.

유명 브랜드 가운데는 유명인이 애용한다는 이유로 그 브랜드의 가치가 더욱더 올라가는 경우도 있지요. 하지만 이것은 어디까지나 결과론적인 이야기일 뿐입니다. 지속해서 잘 팔리는 상품의 상품 인지도(브랜드 파워)는 단지 누가 그것을 애용하고 있는가가 아니라 어떠한 철학을 갖고 상품을 만들었으며 어떠한 역사를 갖고 있는가에 따라서 확립됩니다. 진정한 브랜드는 기업 이미지 광고를 위해 특별히 판촉행사를 하지 않더라도 많은 고객이 신뢰하는 기업입니다.

보증 마케팅수법을 경계하자

 D 양의 사례

> 평소 연예인의 패션 아이템에 관심이 많은 **D 양**. 유명 스타가 입고 바르는 것은 거의 모두 구매한다. 인기 드라마의 주연 배우가 입은 재킷을 따라 사기도 하고, 한 브랜드 행사에 좋아하는 연예인이 참석했다는 이유로 필요도 없는 모자를 사는 등 광적인 수집을 즐긴다. '전지현 립스틱이 유행이라고? 너무 예쁘다. 역시 톱스타가 사용하는 화장품은 달라. 나도 하나 장만해야지.' 어느새 지갑이 열린다. 머리부터 발끝까지 그들과 같은 소품을 공유함으로써 마치 자신도 연예인이 된 것처럼 대리만족을 얻는 것이다.
>
> '연예인의 이름이 걸린' 상품을 무분별하게 모으다 보니 뜯지 않은 채로 굴러다니는 박스가 늘어나고, 한 번도 사용하지 않은 채 구석에 박아둔 물건이 방 안 가득하다. 엄마의 잔소리와 통장 잔고가 그녀를 위협하지만, 신들린 구매는 도무지 멈출 생각을 않는다.

　D 양처럼 극단적인 소비는 아니더라도 유명 연예인의 이름이 붙은 상품에 자석처럼 끌린 경험이 있으신가요? '도니도니 돈까스'나 '국찐이 빵'처럼 개그맨의 이름이 들어간 상품, 여배우의 패션, 걸그룹 화장품,

남자 아이돌이 애용하는 브랜드 등 그 종류도 다양합니다. 그런데 그들을 따라 구매하면 왠지 나도 연예인이 된 듯한 느낌이 들고, 남들이 부러워할 것만 기분! 기업은 이러한 소비자의 심리를 꿰뚫고 있습니다.

판촉행사나 각종 매체에 유명 연예인을 내세우는 강수를 두는 것 또한 하나의 마케팅입니다. 전문가, 유명인, 특정 원산지를 이용한 보증 마케팅이 점점 활기를 띠고 있습니다.

〈한국형 마케팅 불변의 법칙 33〉에서 여준상 저자는 보증 효과(Gua-ranteed Effect)의 법칙을 소개하면서 우리나라는 보증에 의존하는 경향이 그 어느 나라보다 강하다고 밝혔습니다. 어느 연예인이 모 브랜드의 가방을 들고 나오면 전국에서 품절 대란이 일어날 정도니까요. 유명한 스타들에게 '흥행보증수표', '완판녀'라는 꼬리표가 붙기도 합니다.

명심해야 할 점은 나의 소비생활이 연예인의 영향을 받아서는 안 된다는 것입니다. 연예인이 사용한다고 해서 물건의 가치가 올라가지 않습니다. 오히려 그들의 이름값 때문에 유명해지고 가격만 오르지요.

사려고 하는 물건이 자신에게 정말 필요한지, 과사용이나 충동구매가 아닌지, 가격이 터무니없이 비싸지 않은지 등 냉정하게 판단하고 가치에 맞은 비용을 지급하는 소비습관을 키워야겠습니다.

'△△학원 유명 S대 합격자 100명 배출!'의 진실

하수 '△△학원 유명 S대 합격자 100명 배출!'이라는 광고를 보면서 "우와 대단한데! 우리 아이를 이 학원에 꼭 보내고 말거야!"라고 금방 현혹되는 사람

고수 "그런데 이 학원의 S대 전체 수험생 숫자를 모르면 우수한 학원인지 아닌지 알 수가 없는 것 아닌가?"라면서 항상 확률에 주목해서 판단하는 사람

주변에서 '△△대 합격 ○○명! □□대 합격 ○○명!'이라는 문구를 내걸고 홍보하는 입시학원 광고를 쉽게 볼 수 있지요. 그런데 이와 같은 합격자 숫자는 실제로 몇 명의 수험생이 응시했는지 정보가 없으면 그

가치를 정확히 확인할 수 없습니다.

'△△학원 유명 S대 합격자 100명 배출!'이라고 광고하는 학원의 수험생 숫자가 매년 100명이라면 'S대 합격률은 100퍼센트'일 것입니다. 이 학원에서 수업을 듣는다면 반드시 S대에 합격할 수 있다는 것과 마찬가지이지요.

그런데 학원 수험생이 매년 1만 명이었다고 한다면 이 학원의 S대 합격률은 1만 명 가운데 100명으로 불과 1퍼센트에 지나지 않습니다. 그야말로 봉사가 문고리 잡는 격이지요. 이처럼 백분율의 개념으로 생각해야만 하는 것은 이 밖에도 많습니다. 특히 돈의 세계에서는 더욱더 그렇습니다.

첫 번째로 기업의 실적입니다. 어느 정도의 자본을 투자한 결과 얻어진 이익인지를 알아야 합니다. 두 번째로 주식 투자의 실적입니다. 어느 정도의 기간과 어느 정도의 원금 그리고 분석과 거래에 어느 정도의 시간을 들인 결과 얻게 된 이익인지를 알아야 합니다. 세 번째로 복권을 판매하는 매장의 '이 가게에서 1등 당첨 ○○매!'라고 하는 실적입니다. 과연 몇 장의 복권을 판매한 결과 얻어진 당첨 숫자인지를 알아야 합니다.

이것들은 여러분이 평소에 보고 있는 여러 가지 숫자를 분수로 표현하였을 때 '분자'에 해당하는 숫자입니다. 어떠한 결과로서 표면에 드러난 숫자이지요. 그리고 사람들은 그 숫자만을 보고서 우열을 결정짓기도 합니다. 그런데 우리가 실제로 유심히 들여다봐야만 하는 것은 그 분자의 숫자가 어느 정도 되는 분모의 숫자들 가운데서 표면으로 나타난 것인가 라고 하는 '분수'의 숫자, 즉 확률(백분율)입니다.

결국, 다양한 효율과 가치를 산정해내기 위해서는 '분자'에 해당하는 숫자뿐만 아니라 '분모'에 해당하는 숫자에도 주목해야만 합니다.

항상 '분수' 개념을 갖고 생각하세요. 이것이야말로 돈을 운용하는 데 있어서 필요한 사항입니다.

양떼에 휩쓸리면 피를 본다

 P 군의 사례

평소 귀가 얇은 P 군. 매일 인생역전을 꿈꾸던 그는 수소문 끝에 로또 복권 1등 당첨자를 가장 많이 배출한 복권판매점을 찾아간다. 판매점 앞은 '1등 당첨자 50명의 신화!!' 큼지막한 현수막과 복권을 사기 위해 이미 도착한 사람들로 인산인해를 이루고 있다. P 군은 이곳에서 꾸준히 복권을 산다면 적어도 2등에는 당첨될 것이라는 확신을 가진다.

그 날 저녁, 직장 선배와 통화를 하는 P 군. 서로의 재테크 정보를 공유하던 중 솔깃한 제안을 듣는다. '이번에 △△회사 실적이 좋다더라. 내가 아는 형도 밑져야 본전으로 투자했다가 떼돈 벌었다고 하더구나!' 결국 P 군은 지금이 기회라는 선배의 말에 솔깃해 주식을 매수한다.

하지만 부풀었던 기대와 달리 결과는 참혹했다. 복권은 사는 족족 야속하게도 여섯 숫자를 피해 가고, 주식은 연일 하락세다. 직장 선배가 자신을 피하는 것 같이 느껴지는 건 기분 탓일까?

1등 당첨자 50명.

이 숫자만 보면 정말 대단하지 않나요? 하지만 대박을 외치며 무조건 신뢰하기 전에 알아둬야 할 불편한 사실이 있습니다. 바로 확률에 관한 것이지요!

잘 알겠지만, 확률은 하나의 사건이 일어날 가능성을 경우의 수로 나타낸 것을 말합니다. 즉 같은 원인에서 특정한 결과가 나오는 비율을 뜻합니다. 계산하기 위해서는 분모와 분수를 알아야 하지요. 50이란 숫자는 분자에 해당합니다. 그럼 분모는? 여기서 함정이 생기는 것입니다. 대부분 분모를 숨긴 채 분자만 강조하고 있으니까요.

분자 50에 혹하신 분들, 아래 수식에 주목해 주세요.

$$100명\ 중의\ 50명 = \frac{50}{100} \times 100 = 50\%$$
$$10,000명\ 중의\ 50명 = \frac{50}{10,000} \times 100 = 0.5\%$$

50%와 0.5%.

분자는 같아도 분모에 따라 결과의 확률은 완전하게 달라집니다. 50이라는 단순숫자의 이면에는 숨은 속임수가 있습니다. 로또도 마찬가지이지요. 로또 1등 당첨 확률은 1/814만, 그러니까 814만 번을 사야 한 번 당첨됩니다. 이는 벼락 맞을 확률보다 더 적은 확률인데요. 참고로 벼락 맞을 확률은 1/180만입니다.

놀랍게도 매주 당첨자가 나온다고 하지만 무모한 도전을 지속할 건

가요? 재미로 산다면 말리지 않겠지만 생업을 버리면서 집착하는 일은 없어야 합니다.

표면적인 실적이 좋다는 이유로, 또는 합격자와 당첨자가 많이 배출됐다는 수치에 휩쓸리는 모습을 보고 심리학에서는 양떼 효과(Herding Effect)라고 합니다. 양떼 효과는 인간의 맹목적인 추종심리를 상징적으로 비유한 것인데요. 다른 사람에게 뒤처지지 않으려고 사람이 많이 찾는 곳으로 쇼핑을 가는 것, 시장점유율이 높은 브랜드를 선택하는 것, 알려진 유명 도시나 관광지를 여행하는 것 등이 모두 이 효과 때문입니다.

'양떼 효과'의 또 다른 예를 주식시장에서도 볼 수 있습니다. 바로 고점에서 매수하고, 저점에서 매도하는 비이성적인 행동을 하는 것입니다. 본인의 판단력 없이 시장추종거래를 하면 결국 손해는 자신이 떠안아야 합니다.

표면적인 수치만 보려고 하지 말고, 그 뒤에 숨어 있는 분모를 살펴보는 버릇을 들이도록 하세요. 또한, 터무니없는 수치에 헛된 희망을 품지 말아야겠습니다.

무료 매체는 정말
공짜일까?

하수 "이렇게 재미있는 기사들이 실려 있고 게다가 컬러인데 공짜라니!
정말이지 자기 돈을 내고서 잡지를 사서 보는 건 바보 같은 짓이야!"
라고 생각하는 사람

고수 "도대체 이 무료 잡지를 만드는 돈은 어디서 나오는 걸까?"라며 무료
잡지를 제작하는 돈의 흐름에 대해 주목하는 사람

　출퇴근 시간에 지하철 입구나 인터넷에서 무료 신문(무가지)을 종종
받아볼 수 있습니다. 그뿐만 아니라 다양한 상점의 계산대 옆에 놓여
있는 무료 책자도 있지요. 일본에서는 2004년에 리쿠르트 잡지사가 젊
은 회사원을 겨냥해 'R25'라고 하는 컬러로 된 무료 잡지를 발간하여 주

목을 받기도 했습니다. 하지만 잡지든 신문이든 기존의 유료 매체들의 매출액은 최근 수년간 계속 떨어지고 있는 실정입니다.

나빠진 시장 상황에 과거 발행 부수 100만 부를 자랑하던 주간지들이 지금은 50만 부 정도 발행한다는 이야기들은 열거하기에도 시간이 부족할 정도입니다. 계속되는 불황으로 인해 소비자가 지갑을 열지 않고 있을 뿐만 아니라 젊은이들이 더는 잡지를 사지 않는다는 이야기들도 자주 접할 수 있습니다.

이러한 시대이기 때문에 '공짜로 구해 볼 수 있는' 무료 잡지나 신문이 더욱더 사람들의 인기를 얻고 있는 것이겠지요.

하지만 무료 신문이나 무료 잡지를 제대로 들여다보면 실제로는 공짜가 아닐 뿐만 아니라 독자들이 특별히 이득을 보는 것도 없습니다.

무료 잡지의 비즈니스 모델은 잡지를 읽는 독자들로부터 돈을 받는 대신에 회사들로부터 광고비를 모아 잡지를 제작하는 비용으로 쓰고 있는 것입니다. 물론 유료 잡지나 신문들도 광고를 모집하고는 있지만 '광고비만으로 운용한다'는 점이 무료 잡지나 무료 신문의 특징입니다.

무료 잡지에 광고를 내거나 기사 형태로 상품이나 서비스, 가게를 소개하는 회사는 당연히 무료 잡지를 제작하는 회사에 광고비를 지급합니다. 그렇다면 이 광고비는 과연 어디에 전가되는 걸까요? 두말할 필요도 없이 그 회사에서 판매하는 상품의 가격에 반영됩니다.

즉 무료 잡지를 읽고서 거기에 실려 있는 상품이 마음에 들어 구매하는 사람이 있다면, 그 사람은 간접적으로 무료 잡지를 제작하는 비용을 부담한다는 의미입니다. 절대 특별한 일이 아닙니다. 지급하는 대상이 다를 뿐이지 결국 우리는 무료 잡지에도 돈을 지급하고 있습니다.

물론 이와 같은 구조 자체가 나쁘다거나 잘못된 것이라고 할 수는 없습니다. 중요한 것은 이러한 구조를 우리가 이해하는 것입니다. 무료 잡지는 실제 공짜가 아닌, 광고비를 소비자가 불필요하게 부담함으로써 운영되고 있는 매체라는 점을 말이지요.

이런 식의 방법을 통해 가장 성공한 매체는 바로 민영 TV 방송국일 것입니다. 민영 TV 방송국의 프로그램 제작비용의 대부분은 광고를 내보내는 광고주들이 부담합니다. 광고주들은 CF를 내보내면서 TV의 영향력을 활용하는 대신에 해당 방송국에 전파를 사용한 만큼의 돈을 지급하고 있습니다.

그런데 그 비용이라고 하는 것이 실로 상상하기 힘든 어마어마한 액수입니다(공중파 방송국의 황금시간대 광고료 1분에 약 5천만 원). 화장품처럼 광고비가 원가에서 차지하는 비율이 현저하게 높은 상품도 상당히 많습니다. 이 경우에 회사는 거액을 들여 광고한 상품을 많이 팔아서 돈을 회수해야만 합니다.

　이러한 이유로 각 상품에는 회사가 방송국에 지급한 거액의 광고비가 반영되어 있고, 소비자는 그런 사실을 제대로 인식하지 못한 채 그 상품을 구매하는 것이지요.

　이처럼 일반 소비자는 방송 프로그램 제작을 지원하는 회사의 상품을 구매함으로써 TV 프로그램 제작비용을 '간접적으로' 부담하고 있는 것입니다. 이것은 그야말로 소비세와 똑같은 구조이지요.

　이 세상에 '공짜'는 처음부터 존재하지 않습니다.

세상에 공짜 점심은 없다

 L 양의 사례

> 장을 보러 동네 마트에 간 L 양. 사야 할 품목만을 미리 수첩에 적어 오는 알뜰 살림꾼이다. 마트 구석구석을 돌아다니며 필요한 물건을 바구니에 담는데, 멀리 진열대에서 그녀를 유혹하는 상품이 있다. 그 주인공은 바로 1+1 행사 상품이다.
>
> 불필요한 지출을 하지 않으려고 목록까지 적어왔지만 한 개 가격에 하나를 더 얹어주는 50% 할인의 넉넉한 인심에 결국 당장 필요 없는 조미료 2통을 산다.

마트나 길거리 상점을 보면 1+1 행사를 자주 볼 수 있습니다. 그러다 보니 정가를 주고 사면 손해를 보는 느낌이 들기도 합니다. 소비자 입장에서 1+1 상품은 고맙고 기특하기만 합니다. 그래서 당장은 필요 없더라도 한 번 더 구매를 생각하게 만드는 힘을 가지고 있습니다.

이쯤에서 드는 의문점이 있습니다. 과연 기업에서 이러한 파격 행사를 왜 할까요? 1+1 행사를 하는 이유는 소비자의 가격부담을 줄여주거나 하나를 더 얻었다는 기쁨을 주려고 하는 것만이 아닙니다. 재고 줄이기, 신제품 홍보 및 체험, 비인기 품목을 인기 품목에 끼워 팔기 등 다양한 이유가 숨어 있습니다.

같은 예로 돈 버는 앱, 2+1 행사, 평스 10만 원도 안 쓰는 사람에게 20만 원을 구매하면 5천 원 상품권을 주는 행사 등도 있습니다.

이런 상황을 꼬집어 '세상에 공짜 점심은 없다(There ain't no such thing as a free lunch)'라는 말을 사용합니다. 노벨경제학 수상자 밀턴 프리드먼과 폴 새뮤얼슨이 뉴올리언스 선술집의 사례를 통해 한 말로 지금은 공짜인 것 같지만 결국은 알게 모르게 그 대가를 지불해야 한다는 의미입니다.

'공짜 점심(free lunch)'은 미국 서부 개척시대 술집에서 술을 일정량 이상 마시는 단골에게 점심을 공짜로 주던 데서 유래했습니다. 하지만 바보가 아닌 다음에야 공짜로 먹은 점심값까지 술값에 포함돼 있음을 모를 사람은 없을 테지요. 내가 먹은 점심은 (나를 포함한 누군가가) 어떤 방식으로든 대가를 지불해야 합니다.

모든 선택에는 대가가 따릅니다. '공짜 점심'의 대가는 무료가 아닙니다. 상대적으로 비싸게 치러야 하는 술값이지요. 선택의 대가는 단순히 구매비용이 아니라 이로 인해 포기한 것의 가치, 즉 기회비용입니다. 이는 금전이거나 시간, 노력, 만족감일 수도 있습니다. 공짜라는 가면 뒤에 숨겨진 기업의 꼼수 마케팅을 파악할 수 있어야 하겠습니다.

아, 돈, 돈, 돈, 나는 반드시 그대를 신성한 것으로 생각하는 사람은 아니다.
하지만, 이따금 가던 길을 멈추고 의아해 한다.
그대는 나갈 때는 그렇게 빠르면서, 들어올 때는 왜 그리 더딘가 라고.

− 오그덴 나슈

제2장

돈의
함정

'가격이 싸다, 비싸다'는 그 물건이나 서비스 그리고 권리가 가진 가치에 대해 상대적으로 가격이 비싸게 책정되어 있는지 아니면 싸게 책정되어 있는지를 제대로 확인한 뒤에야 제대로 알 수 있습니다.

자신이 책임질 수 있는 금액이나 예산을 넘어서는 가격이면 비싸다고 여기고 범위 내의 가격이라면 싸다고 여기는 것 — 이런 '하수'의 발상에 빠지지 않도록 유념해야 겠습니다.

가격과 가치의
차이

하수 "이 상품은 내 한 달치 월급과 같은 가격이네. 비싸도 너무 비싸군!" 이라면서 상품의 '가격'만을 보고 판단하는 사람

고수 어떤 상품이나 서비스든 우선 자기 자신에게 '어느 정도의 가치가 있는가?'를 생각하고 나서 그것이 자기한테 '싼지 비싼지'를 판단하는 사람

지금부터 돈에 관한 문제, 경제에 관한 문제를 생각하는 데 있어서 근간이 될 매우 중요한 이야기를 하려 합니다. 그것은 바로 '가격'과 '가치'의 차이에 관한 것입니다. 가격과 가치의 차이를 제대로 인식하지 못하면 아무리 열심히 일을 하더라도 아무리 공부를 하더라도 경제적

성공을 얻을 수 없습니다.

한편 가격의 절대적인 액수에만 얽매이지 않고 '지급한 가격 이상의 가치를 얻을 수 있을 것인가'라고 하는 관점에서 돈을 쓸 때 생각하는 습관을 들인다면, 즉 가격과 가치의 상대적인 차이를 의식한 경제활동을 반복한다면 경제적으로 풍요로워질 기회는 훨씬 더 많아질 것입니다. 이렇게 가격과 가치의 차이에 주목하는 행위는 주식 투자이든 부동산 투자이든 자동차나 주택 구매이든 일상생활이든 상관없이 언제나 효과가 있습니다.

'가격과 가치의 차이'라는 이야기를 들으면 너무 어렵다면서 머리를 감싸 쥐는 사람들도 있을 텐데요. 하지만 전혀 어렵지 않습니다. 왜냐하면, 수많은 사람이 평상시에도 아무렇지도 않게 '가격'과 '가치'를 제대로 구분하면서 살아가고 있기 때문입니다.

예를 들어 채소가게에서 당근을 산다고 가정해 보겠습니다. 상자 안에는 당근이 가득 들어 있는데 '무조건 한 개에 1000원'이라는 가격이 붙어 있습니다. 이럴 경우에 어느 당근이나 '가격'은 같은 1000원입니다.

그런데 가격이 같더라도 그 가치는 다를 수 있습니다. 상자 안에 들어 있는 당근은 큰 것도 있고 작은 것도 있습니다. 모양새가 예쁜 당근도 있는가 하면 예쁘지 않은 당근도 있고요. 어떻습니까? 같은 '가격'이라고 하더라도 '가치'는 제각기 다르지 않습니까?

이 경우에 사람들은 '자신의 가치판단'에 따라 자기에게 가장 가치가 높은 당근을 선택하려고 하지요. 모양새를 중요하게 여긴다면 설령 크기가 작더라도 예쁜 당근을 선택하고, 크기를 중요하게 여긴다면 예쁘지 않더라도 커다란 당근을 선택할 것입니다. 가격이 같은 1000원이라고 한다면 자기가 바라는 가치에 따라 서로 다른 당근을 고르겠지요. 즉 가격은 같아도 가치는 각각 다른 법입니다.

사람들은 이처럼 같은 가격이라면 본인 판단에 좀 더 가치가 높은 것을 선택하려고 합니다. 이것이 바로 '가격과 가치의 차이를 의식'하는 행위이지요. 주식 투자에서도 '가격과 가치의 차이를 의식하라'는 원칙은 같습니다. 상장주식을 당근에 비유한다면 각각의 당근의 가격(주가)은 매일 아침 제시되고 또 그 가격은 시시각각 바뀝니다. 그리고 아마추어 투자자들은 종종 이와 같은 '주가 = 가격'의 변화에만 주목하지요. 당근의 모양새가 어떤지 크기가 얼마인지, 즉 그 가치에 대해서는 전혀 신경을 쓰지 않지요.

하지만 이렇게 해서는 주식 투자에서 절대로 성공할 수 없습니다. 주식 투자를 통해 이익을 얻고 싶다면 반드시 그 회사가 현재의 주가로 표시되고 있는 금액 이상의 '가치가 있는지'에 대해 살펴보아야 합니다.

부담 없이 지급할 수 있는 액수라면 무슨 주식이든 상관없다고 생각하면 안 됩니다. 그리고 주가가 잠시 떨어졌으니 조만간 다시 오를 거라고 안이하게 생각해서도 안 되고요.

다시 한 번 강조하지만 모든 경제적인 거래, 즉 돈과 물건이나 서비스 또는 권리를 교환하는 행위는 결국 가격과 가치를 교환하는 것에 지나지 않습니다.

그러므로 경제적인 성공을 거두기 위해서는 항상 물건이나 서비스 그리고 권리의 '가치'를 파악하고 있어야 합니다.

그런데 '하수'는 아무런 생각 없이 눈앞에 보이는 가격만 봅니다. 이러한 사람은 '(가격이 이전보다) 싸다'는 이유만으로 특별히 필요도 없는 물건들을 대량으로 사서 쌓아두기도 하고, 단지 '(가격이 이전보다) 비싸다'는 이유만으로 자기 자신의 미래를 위해 필요한 것인데도 투자를 주저하거나 포기하고 말지요.

'가격이 싸다, 비싸다'는 그 물건이나 서비스 그리고 권리가 가진 가치에 대해 상대적으로 가격이 비싸게 책정되어 있는지 아니면 싸게 책정되어 있는지를 제대로 확인한 뒤에야 제대로 알 수 있습니다.

자신이 책임질 수 있는 금액이나 예산을 넘어서는 가격이면 비싸다고 여기고 범위 내의 가격이라면 싸다고 여기는 것 — 이런 '하수'의 발상에 빠지지 않도록 유념해야 겠습니다.

가격과 가치를 알면 돈이 보인다

"당신이 내는 돈은 가격이지만, 돈을 내고 얻는 것은 가치라고 부릅니다."

투자의 귀재라고 불리는 워런 버핏이 남긴 말입니다. 그는 '가격'과 '가치'의 차이를 분명히 이해했습니다. 가격은 돈의 절대 액수이고 가치는 인플레이션을 고려한 화폐 가치를 의미합니다.

📢 가격과 가치의 차이

가격 (價格)	가치를 화폐 단위로 표시한 것으로 경제, 비즈니스에서 물건, 용역, 자산의 금전적·수적 가치를 따지는 것이다. 가격의 개념은 교환을 떠나서는 존재할 수가 없다.
가치 (價値)	경제에서 재화의 유용성과 가격을 나타내는 말이다. 경제활동의 근본적인 원인과 활동의 결과를 설명하는 개념이다.

가치의 크기는 자기 스스로는 측정될 수 없습니다. 항상 타인의 노동

력과의 상관관계에서만 그 크기를 가늠할 수 있습니다. 그러니까 사용가치나 교환가치는 몇 그램, 몇 시간 혹은 몇 뉴튼이라는 단위로 표시할 수 없는 추상적인 개념입니다. 아직 인간은 추상적인 가치를 측정하는 단위를 가지고 있지 않습니다.

하지만 가치보다 '가격'은 매우 현실적인 개념입니다. 화폐단위라는 확실한 단위를 사용하니까요. 물론 현실적이라고 해서 구체적이라는 뜻을 가진 것 또한 아닙니다. 가격이 가치의 크기를 가늠하게 해주는 '창(窓)'임은 틀림없지만, 그것 또한 가치의 크기를 절대적으로 나타내주는 척도는 아닙니다.

📢 가격과 가치의 복잡한 관계

(* 주식 가격 = 주식의 가치를 화폐단위로 표시한 것)

각각 5천 원짜리와 100만 원짜리 주식이 있습니다. 대부분 후자가 비싸다고 생각합니다. 하지만 순이익 1천억 원을 내는 대기업의 주식 가격이라면 얘기가 달라지지 않을까요? 상대적 비율로 따져봐야 한다는 것입니다. Lesson 8에서 확률의 분모, 분자와 같은 원리입니다. 이제 우리는 분자(가격)만 보고 분모(가치)를 판단하는 실수를 하지 않아야겠습니다.

모 증권사의 재무분석에 의하면 A 주식의 가치가 주당 100만 원이라고 합니다.

(정말 100만 원인지 아닌지는 아무도 모르겠지만)

	증권 시장에서 90만 원에 거래되고 있다면	사람들이 모두 A의 가치가 100만 원이라고 생각한다면	하지만 모든 사람이 A의 가치가 100만 원이라고 생각하지 않음
A의 가격	90만 원	100만 원까지 상승	천차만별. 어떤 사람은 59만 원에 팔고, 어떤 사람은 90만 원에 사는 것
A의 가치	100만 원	100만 원	100만 원

또한 주식가치를 대표하는 것 중의 하나가 PER (Price Earning Ratio; 주가수익배율로 주가를 1주당 당기순이익으로 나눈 것) 입니다. PER이 높다는 것은 회사의 현재 주식 가격이 고평가되었음을, PER이 낮다는 것은 현재 주식 가격이 상대적으로 저평가되어 상승할 가능성이 있음을 보여 줍니다.

다음 표와 같은 경우라면,

	주식 가격	1주당 당기순이익 (EPS)	주가수익배율(PER)
A사	1,000,000원	100,000	1,000,000/100,000 = 10
B사	2,000,000원	500,000	2,000,000/500,000 = 4

당연히 A사가 B사보다 주식 가격이 싸다고 생각하고 A사에 투자해야 겠지요. 하지만 PER을 적용하면 주식 가격은 A가 B보다 싸지만, 주식 가치는 B가 A보다 2.5배 높아집니다. 결과적으로 B사에 투자하는 것이 현명하다는 결론이 나오지요.

주식을 통해 가격과 가치를 알아봤는데요! 앞에서 살펴보았듯이 가격으로 가치를 판단해서는 안 되겠지요. 고가라도 따져 보면 가치 있는 물건일 수 있으니까요. 가격만 보고 단순하게 '싸다, 비싸다, 이곳에 투자해야겠다'가 아니라 기업의 숨은 가치를 보려고 하는 습관을 들여야 하겠습니다. 자신만의 기준을 가지고 올바른 판단을 하세요. 만약 확신이 없다면 투자를 하지 마세요. 최소한 원금은 지킬 수 있습니다.

'부자일수록 인색하다'는 말의 진실

하수 "돈 걱정을 하면서 사는 인생은 정말 싫어! 그래서 무슨 일이 있더라도 돈을 벌고 말 거야!"라고 생각은 하지만, 그 돈으로 무엇을 할 것인지에 대해서는 생각하지 않는 사람

고수 "돈 걱정을 하면서 사는 인생은 정말 싫어! 그러니까 지급한 가격 이상의 가치를 반드시 얻고 말 거야!"라고 가치를 항상 명심하는 사람

돈이 많아지면 경제적으로 걱정이 없어질까요? 아마도 대부분 그렇게 생각할 것입니다. 하지만 이는 근본적으로 잘못된 생각입니다.

왜 그럴까요?

그것은 바로 '돈'이라고 하는 것은 본디 단순히 가치를 교환하는 수단

에 지나지 않는 것으로, 결국은 그 돈으로 어떠한 가치를 얻을 것인가가 중요하다는 사실을 간과하고 있기 때문입니다.

Lesson 9에서도 다루었듯이 '돈 = 가격'과 그 '돈으로 얻을 수 있는 것 = 가치'의 차이에 대해 알지 못하면 주머니에 아무리 돈이 많아도 순식간에 사라집니다. 복권이나 경마로 큰돈을 번 사람들이 돈에 관한 철학이나 지식이 없어서 하루아침에 무일푼이 되어 더 어렵게 사는 이야기는 흔히 들을 수 있습니다. 비단 일반인들만의 이야기가 아닙니다. 회사도 마찬가지입니다. 가격과 가치의 차이에 대해 구별하지 못하는 회사는 경영 위기를 맞게 되고, 결국 파산할 확률이 높아지겠지요.

성실하게 수년간 일한 결과 어느 정도의 목돈을 손에 넣었다고 가정해 보겠습니다. 사람이기 때문에 누구나 힘들게 모은 돈을 어떻게 해서든 줄어들지 않게 하려고 고민을 하지요. 가지고 있다가 잃은 고통은 안 가졌을 때보다 크기 때문입니다. 하지만 현실을 고려해 보았을 때 일단 모인 돈을 줄어들지 않도록 운용하는 것은 무일푼 상태에서 돈을 벌어 모으는 것보다 더 어려운 일입니다.

주머니의 돈을 주식에 투자해서 증식한다고 생각해 보세요. 운이 좋으면 1천만 원의 자금을 1년 만에 수억 원, 즉 수십 배로 늘리는 것 또한 불가능한 일은 아닙니다. 투자하는 자본이 수천만 원 정도라면 그 자금을 그때그때 '가격이 오를 것 같은 주식 종목'에 재빨리 투자한 다음 가격이 올랐을 때 팔아치웁니다. 이것을 반복해 자금을 간단하게 회전시키는 것이지요. 이를 단기 트레이딩(매매) 기법이라고 합니다.

물론 운이 좋을 경우의 이야기이지만 1천만 원 정도의 금액이라면 1년 안에 수십 배로 불리는 사람들이 드물지 않습니다.

그렇지만 조금 극단적인 경우일 수도 있지만 1천억 원을 단지 1년 만에 수십 배, 즉 수조 원으로 늘리는 일은 우선 불가능합니다.

왜 그럴까요?

1천억 원이나 되는 거액의 자금을 주식 투자로 단기간에 사거나 팔면서 간단하게 회전시킬 수 없기 때문입니다. 이렇게 큰 금액의 돈을 움직이게 되면 개인이 사는 것(매수)만으로도 주가가 상승합니다. 그리고 자기가 이익을 확정짓기 위해 파는 것(매도)만으로도 주가가 하락하기 때문이지요. 즉 보유하고 있는 돈의 규모가 크면 클수록 자신의 행위가 시장에 미치는 영향력이 커지게 되는 법입니다.

이처럼 부자가 되면 될수록 그 돈을 더욱더 많이 불리는 것은 정말 너무 어려운 일입니다.

그리고 "물건 가격에 신경 안 쓰고 돈을 쓰면서 살고 싶어서 부자가 되고 싶다"라고 말하는 사람이 많습니다. 하지만 이러한 생각은 근본적인 부분에서 착각을 한 것입니다.

왜냐하면, 앞에서도 언급한 바와 같이 경제적으로 풍요로워지기 위해서는 항상 '지급한 돈(가격) 이상의 가치를 손에 넣겠다'고 하는 발상을 먼저 해야 하기 때문입니다. 그 물건의 가격이 가치에 맞는지 아닌지에 대해 생각하지 않는다면 결코 풍요로워질 수 없습니다.

물건의 가격은 항상 바뀝니다. 슈퍼마켓에 가보면 잘 알 수 있지요. 낮에 5천 원에 팔리던 채소가 오후 5시가 넘으면 '저녁시간대 할인판매'라고 해서 2천 원이나 할인된 3천 원에 팔리기도 합니다. 그런데 이 반찬을 먹는 것이 어찌 되었든 저녁 7시라고 한다면 5천 원을 주고 사든 3천 원을 주고 사든 그 반찬의 가치는 전혀 다르지 않습니다.

반면에 아무리 가격이 내렸더라도 여러분에게 전혀 필요 없는 물건이나 비록 필요하더라도 아직도 상대적으로 가격이 비싼 물건을 사버리는 것은 단순한 낭비일 뿐입니다.

자, 생각해 보세요. 만약 여러분이 남자라면 아무리 할인판매를 한다고 하더라도 자기가 입기 위해 여성복 세일매장에 들르지는 않을 것입니다. 또한, 자신에게 있어 값어치가 있는 상품, 즉 자기 기준에서 가치가 가격보다 높은 상품이라고 하더라도 가격이 좀 더 내려갈 것이라는 사실을 미리 알고 있는 경우라면 구매를 좀 더 뒤로 미루는 것도 하나의 방법입니다.

가령 당근 한 개를 살 때도, 자동차를 구매할 때에도, 주택구매를 검토할 때에도 구매대상이 되는 상품이나 서비스가 자신에게 어느 정도의 가치를 가져다줄 것인가, 그리고 지급해도 될 만한 가격으로 설정되어 있는가를 제대로 확인해야만 합니다. 그렇지 않으면 현명한 소비나 투자는 불가능할 것입니다. 다른 말로 표현하면 경제적으로 풍요로워지지 못할 것입니다.

단순히 가격이 비싼지 싼지 그 절대적인 액수만을 비교하여 물건의 가치를 측정하려는 발상이 바로 '돈만 있으면 돈 걱정은 없을 것이다'라는 사고방식의 밑바탕에 있습니다. '비싼지 싼지'를 판단하는 것은 가격의 절대적 액수가 아니라 가격과 가치의 상대적인 차이를 확인해 보지 않고서는 불가능합니다.

흔히들 "부자일수록 인색하다"라고 이야기하지요. 그런데 뜻밖에 맞는 말입니다. 진정한 부자는 가격과 가치의 관계에 대해 잘 알고 있습니다. 그래서 그들은 지급할 가치가 없는 곳에 허투루 돈을 쓰지 않을 뿐입니다. 그런데 가격과 가치의 관계에 대해 아무것도 모르는 사람들이 부자들의 그런 모습을 보고는 "저렇게나 많은 돈을 갖고 있으면서도 저 친구는 돈을 잘 쓰질 않아. 인색한 친구야!"라고 착각을 하는 것뿐입니다.

슈퍼부자 공통점 7가지

자신의 힘으로 큰 부를 일군 사람은 평범한 사람과 무엇이 다를까요? 〈CNN 머니〉는 순자산이 500만 달러 이상인 부자들에게 자문 서비스를 제공하는 전문가들을 대상으로 설문조사를 해 부자들의 공통점을 7가지로 정리하였습니다.

1. 부자들에게는 기업가 정신이 있다.

자수성가형 부자들은 대부분 사업을 통해 부를 일궜습니다. 순자산이 500만 달러가 넘는 의사나 변호사, 기업 임원도 많지만 창업이 좀 더 빨리 부자가 되는 길이었습니다. 게다가 기업가들은 순자산 규모가 의사나 변호사, 기업 임원보다 훨씬 더 많았다는 사실을 명심하세요!

2. 일을 많이 한다.

하루에 8시간씩, 일주일에 40시간 근무한다는 것은 부자들에게는 있을 수 없는 얘기입니다. 부자들은 대개 일주일에 60시간, 심지어 80시간씩 일하며, 휴가 중에도 손에서 일을 놓지 않습니다.

3. 에너지가 넘친다.

슈퍼부자는 잠을 많이 자지 않아도 힘이 넘치고 언제나 낙천적이고 밝은 태도를 유지합니다. 어센트 프라이빗 자산관리의 전략 자산 코치인 크리스틴 암스트롱이 "부자들은 가능한 미래를 머릿속에 그리는 위대한 능력을 갖추고 있으며, 가능성을 발견하면 모든 노력과 에너지를 그 가능성에 집중시키는 역량이 뛰어나다."라고 말했을 정도입니다.

4. 극단적일 정도로 자신감이 있다.

슈퍼부자는 '나는 무엇이든 할 수 있다'고 생각합니다. 목표를 달성하는 창의적인 방법들에 개방적이란 점도 공통점입니다. 또한, 그들은 자기 자신과 다른 사람에 대해 강한 믿음을 갖고 있으며, 세상이 자신의 사업 아이디어에 맞추어 바뀔 것이라는 강력한 확신이 있다고도 말합니다.

5. 분별력이 있다.

슈퍼부자는 과도한 자신감을 느끼고 있지만 자신이 모든 사안을 가장 잘 아는 사람은 아니라는 점을 인정합니다. 이 때문에 부자들은 자신의 비전을 현실화하는 데 도움을 줄 수 있는 실력가, 전문가로 주위를 채웁니다.

6. 검소하다(가격보다는 가치를 중시한다).

슈퍼부자 대부분이 자산이 늘어나는 속도에 맞춰 생활 수준을 높이지 않습니다. 한 컨설턴트는 "부자들은 오래된 셔츠를 입고 다닌다."라고 말하기도 합니다.

7. 리스크를 감수하지만 충동적이지 않다.

기업을 경영하는 사람들은 천성적으로 리스크 수용자라고 할 수 있습니다. 하지만 무모하게 투자하지는 않지요. 부자들은 부동산이든, 주식이든 그 투자가 타당하다고 생각하는 한 투자를 지속하지만 한 곳에 모든 것을 걸지는 않습니다.

이상 7가지 공통점도 필요하지만, 가장 중요한 것은 역시 '가치'를 아는 태도라고 할 수 있습니다. 가치 위에 가격을 두어선 안 된다는 것입니다. 물질적으로나 정신적으로 풍요롭기 위해 가치를 먼저 따져봐야 한다는 점 명심하세요!

LESSON 11

자산,
어떻게 지킬까?

하수 자산이 줄어드는 것을 바라지 않기 때문에 은행 예금처럼 높은 수익
률은 기대할 수 없지만 '얼핏' 리스크(위험)가 거의 없는 금융 상품에
맡기는 사람

고수 자산이 줄어드는 것을 바라지 않지만, 어느 정도의 리스크는 있어도 자
신의 능력 여하에 따라 많은 것을 얻을 수 있는 대상에 투자하는 사람

여러분에게 돈의 가치는 무엇입니까? 가능한 한 많은 현금을 보유하
는 것인가요? 그것은 분명 기쁜 일이기는 하지만 돈의 가치는 실제로
무언가를 사거나 어딘가에 투자했을 때, 경제용어를 이용해 말하면 실
물경제가치와 교환했을 때 비로소 드러납니다.

예를 들면 경제가 인플레이션 상태(시간과 함께 물가가 상승해 같은 가격으로 살 수 있는 것이 줄어든 = 시간과 함께 화폐가치가 떨어지는 상태)일 때 1천만 원을 장롱에 보관한다면 어떻게 될까요? 도둑맞지 않는 이상 1천만 원이 줄어들 일은 없겠지만, 그 대신에 물가는 계속해서 올라가기 때문에 시간이 지날수록 그 장롱 속 1천만 원으로 살 수 있는 물건은 줄어듭니다. 결국에 1천만 원의 교환가치가 하락하는 것이지요.

원금을 보장하면서 연이율 3퍼센트를 주는 금융 상품이 있다고 가정해 볼게요. 초저금리시대인 오늘날에는 찾아볼 수 없지만, 과거에는 이자율 3퍼센트의 정기예금이 흔했습니다. 이 정기예금에 1천만 원을 맡겨두면 1년 뒤에 확실히 3퍼센트 = 30만 원의 이자가 붙었지요.

"이야, 대단해! 역시 장롱예금보다는 은행의 정기예금이 훨씬 낫군!"

과연 그럴까요?

눈에 보이는 것이 전부가 아닙니다. 이 당시의 물가상승률(인플레이션율)을 5퍼센트라고 해 보겠습니다. 조금 극단적이지만 이 경우에 3퍼센트의 이자가 붙더라도 당신의 1천만 월은 정기예금에 넣어두는 한 3퍼센트−5퍼센트, 즉 연이율 2퍼센트씩 실질가치가 하락하지요.

장롱 속에 넣어두는 것보다는 은행 정기예금에 맡겨두는 것이 분명히 유리하지만, 정기예금의 '명목상 금리'에만 주목하다 보면 여러분의 소중한 자산은 실질적으로는 감소합니다.

이처럼 리스크가 낮은 (예전이라면 은행은 절대로 파산할 염려가 없었기 때문에 리스크가 없었지만) 정기예금 같은 금융 상품으로 얻을 수 있는 리턴(보수)은 확실히 존재합니다. 그렇지만 조금 더 높은 리스크를 감수하면서 투자하는 사람들이 있는 한 물가상승률은 더 높아지므로 상대적으로 경제가치는 떨어지지요.

그렇다면 자산을 '똑똑하게' 운용하기 위해서 무엇이 중요할까요?

가장 먼저 구체적인 목표를 세워야 합니다. 큰 기대 없이 자산이 줄어들지 않기만을 바라는 것이 목표라면 리스크가 높은 금융 상품은 선택하지 않아야 합니다. 한편 지금의 자산을 활용해 더욱 많은 돈을 벌고 싶은 것이 목표라면 어느 정도의 리스크를 감수하더라도 이율이 높은 금융 상품에 투자할 필요가 있습니다. 여러분의 목표에 따라 자산을 관리하는 방법도 달라져야 하지요.

여러분의 자산은 목표에 따라 리스크가 낮은 예금상품에 투자하기부터 리스크가 크면서 높은 리턴을 기대할 수 있는 주식, 펀드, 벤처기업에 투자하기까지 다양하게 선택할 수 있습니다.

자신의 자산 운용 목적에 맞는 리스크와 리턴을 현명하게 선택하세요. '리스크'와 '리턴'은 결국 정비례하니까요.

인플레이션 / 디플레이션 투자법

 돈을 모으는 것도 중요하지만 적절한 시기에 어떻게 투자하느냐, 그 방법 또한 매우 중요한데요. 이를 위해서는 인플레이션과 디플레이션의 시점을 아는 것이 중요합니다.

 간단히 개념을 정리하면 인플레이션은 물가가 상승해서 화폐(돈)의 가치가 하락한 경우이고, 디플레이션은 물가가 하락해서 화폐(돈)의 가치가 상승한 경우라고 정의할 수 있습니다.

 비교를 위해 '김고수의 아파트 매입' 상황을 예로 들어보겠습니다. 자, 이제 두 상황을 살펴볼까요?

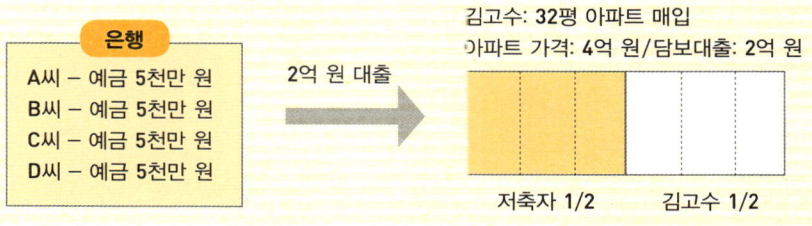

 김고수는 내 집 마련의 꿈을 실현하기 위해 32평 아파트를 매입하려

고 합니다. 현재 아파트의 시세가 4억 원이라는 가정하에, 돈이 부족했던 그는 은행에서 2억 원을 대출 받습니다. 이럴 경우, 저축자(A, B, C, D씨)의 소유 자산과 김고수의 소유 자산 비율은 1/2로 같습니다. 인플레이션과 디플레이션이 발생했을 때 어떤 변화가 일어나는지 살펴봅시다.

📣 인플레이션 시

인플레이션이 일어나 아파트 가격이 6억 원으로 오릅니다. 실물 자산을 소유한 김고수의 지분은 2/3으로 늘었고, 저축자(채권자)들이 소유했던 금액 중 1/3이 김고수(채무자)에게 이전되었지요.

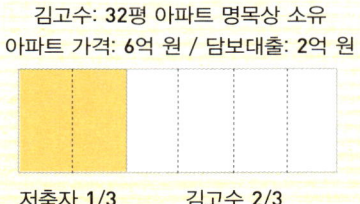

김고수: 32평 아파트 명목상 소유
아파트 가격: 6억 원 / 담보대출: 2억 원

저축자 1/3   김고수 2/3

📣 디플레이션 시

반대로 디플레이션이 일어나 아파트 가격이 3억 원으로 내려갔습니다. 실물 자산을 소유한 김고수의 지분은 1/3으로 줄었고, 김고수(채무자)가 소유했던 금액 중 2/3가 저축자(채권자)들에게 이전되었지요.

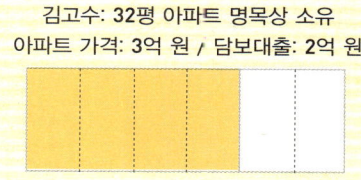

김고수: 32평 아파트 명목상 소유
아파트 가격: 3억 원 / 담보대출: 2억 원

저축자 2/3   김고수 1/3

    이렇듯, 인플레이션일 경우에는 부동산 등 실무자산에 투자하고 디플레이션일 경우에는 현금성 자산에 투자하는 것이 고수익 창출의 비법입니다.

    간단하게 표로 차이점을 정리해 봤습니다.

	물가 (실물자산, 부동산)	화폐(돈)의 가치	
인플레이션	상승	하락	현금 손해 / 실물자산 유리
디플레이션	하락	상승	현금 유리 / 실물자산 손해

    시기를 잘 판단해서 돈을 관리해야 부자가 됩니다. 하지만 문제는 역사적으로 인플레이션과 디플레이션은 순환 반복되어 왔기 때문에 지금 시점이 어떤지 판단하기 어려운 일입니다. 시대의 화폐 가치를 따졌을 때, 앞으로는 디플레이션 시대가 와서 보험 예금 등 현금성 자산이 중시된다고는 하지만 미래는 어떻게 될지 아무도 모르는 일이지요.

좀 보수적이긴 하지만 가장 현명한 투자법은 '유대인의 분산투자법!'
이 답인 듯합니다.

'투자 포지션'이라는 말이 있습니다. 전도서에서는 미래의 불확실성
에 대비해서 7~8개의 포지션을 유지하라고 말합니다. 즉 '포트폴리오'
란 투자자산 목록이 담겨져 있는 파일을 의미하는데요. 다양한 복수의
투자는 한두 개 자산이 급락하더라도 다른 자산에서 얻어지는 수익으
로 손실이 최소화되게 하기 위함인데, 즉 고수익을 노리기보다는 안정
적인 수익을 목적으로 투자할 때에 적절한 투자전략이기도 합니다.

결론적으로 자기자산을 부동산에 1/3, 투자자산에 1/3, 현금성 자산
에 1/3로 분산투자하는 전략을 사용한다면 인플레이션과 디플레이션의
위험을 99% 보완하는 최상의 전략인 것입니다.

은행 예금은 여러분이
은행에 빌려주는 융자

하수 담당 은행직원이 "고객님, 항상 감사드립니다!"라면서 정중히 대해
주는 것만으로도 만족해하는 사람

고수 내가 은행에 거의 무이자로 돈을 빌려주고 있는 것과 마찬가지이니 그
런 인사보다는 예금금리를 올려주길 바라면서 불만을 표출하는 사람

'예금'은 예금자가 은행에 '돈을 빌려주는' 행위를 의미하기도 합니다.
즉 예금자는 채권자, 은행은 채무자가 되지요. 그런데 이렇게 돈을 빌
려주고 빌리는 행위가 일반적인 그것과 다른 점이 있습니다. 바로 빌
려주고 빌리는 데 있어서 그 금리를 돈을 빌리는 쪽인 은행이 결정하고
있는 것이지요.

그런데 이 금리라는 것이 2010년 이후부터 현재까지 계속 내리막으로 진행하고 있습니다. 그러니까 우리는 이자를 거의 받지 않으면서 은행 예금이라고 하는 이름으로 '은행에 대한 융자'를 해주고 있는 것이지요. 더구나 영업시간 이외 시간에 현금자동인출기에서 돈을 찾거나 송금할 경우에는 별도의 수수료도 내고 있습니다. 이때 수수료도 적지 않은 금액입니다.

은행 직원이 친절하게 접대해 주는 것은 물론 고마운 일이지요. 하지만 예금자들은 은행 직원들로부터 친절한 접대를 받기 위해서 은행에 돈을 빌려주는 것이 아닙니다. 어디까지나 '자산 운용'이나 '결제 수단'으로서 그 은행을 자발적으로 선택한 것입니다. 따라서 은행 직원의 정중한 태도만으로 '혜택을 본 것만 같은 기분'이 들어서는 안 됩니다.

그렇다면 은행은 어떻게 저금리로 자금을 모집할 수 있을까요? 그것은 바로 지금까지 은행의 경제 신용도가 높았기 때문입니다. 자금을 빌려주는 입장에서는 경제 신용도가 낮은 사람에게 돈을 빌려줄 때보다 경제 신용도가 높은 사람에게 돈을 빌려줄 때 낮은 금리에도 만족하지요. 은행은 도산할 염려가 없었기 때문에 리턴(이자)은 적지만 안심하고 맡길 수 있었습니다. 이것이 바로 은행에 예금이 몰렸던 이유이지요.

리스크가 높아지면 빌려주는 입장에서는 더욱 많은 리턴을 요구해야만 하고요.

은행의 경제적인 신용도는 최근 수년 동안 크게 하락하고 있습니다. 세계적 규모의 금융위기가 진행되고 있는 현재, 초대형 은행이라도 하루아침에 정부 관리하에 놓이게 되는 일도 현실적으로 얼마든지 발생할 수 있습니다. 정부 관리를 받게 되더라도 예금자보호법에 따라 예금은 보호받을 수 있습니다.

신용도가 하락하면 은행의 자금조달 비용(예금금리)은 상승해야만 합니다. 하지만 아직 아무런 변화가 없습니다.

물론 기존의 은행 금리는 금융통화위원회를 통해 기준금리가 정해지고 이 수치를 따르므로 쉽게 움직일 수 없지요. 하지만 기준금리를 따르기 이전에 은행은 예금자들의 '돈에 관한 소양이 낮은' 현실에 안주하고 있다는 사실을 놓쳐서는 안 됩니다.

다시 강조하지만 은행 예금은 어디까지나 예금자와 은행이 돈을 빌려주고 빌리는 거래입니다. 그리고 리스크를 보완할 수 있는 금리를 받고 있지 않으므로 돈을 빌려주는 예금자가 주도권을 쥐어야 하지요.

그러니까 적어도 지금부터 은행에서 신규로 예금계좌를 개설할 때 "예금하시게요?"라고 직원이 묻는다면, "아니요. 이 은행에 제 돈을 빌려드리려고요!"라고 말해 주는 게 어떨까요? 물론 은행 직원의 의식도 바뀔지 모르겠지만요.

실용 POINT 12
금전에 관한 탈무드 교훈

다음은 금전에 관한 탈무드 교훈입니다. 이 교훈과 함께 돈에 대한 주인의식을 찾고 생각해 보는 시간을 가져 봅시다.

- 인간에게 필요한 것은 의식주와 돈이다.
- 인생은 인내와 돈이다. 잘 쓰고, 잘 저축하라.
- 몸은 마음에 의존하고, 마음은 돈에 의존한다.
- 사람을 상처 입히는 세 가지가 있는데 번민, 말다툼, 텅 빈 지갑이 그것이다. 그 중에서도 텅 빈 지갑이 가장 크게 상처 입힌다.
- 돈은 악도 저주도 아니다. 인간을 축복해주는 고마운 것이다.
- 현금은 가장 능력 있는 중개인이다.
- 돈이 없으면 오관(五官)이 제대로 작용하지 않는다.
- 돈은 어떤 닫힌 문이라도 척척 열 수 있는 황금 열쇠다.
- 돈은 쫓으면 달아나고 필요 없다고 생각하면 따라와 자연히 모인다.
- 돈을 사랑하는 마음만으로 부자가 될 수는 없다. 돈이 당신을 사

랑해야 한다.

- 부자가 되는 유일한 방법은 내일 할 일을 오늘 해치우고, 오늘 먹어야 할 것을 내일 먹는 것이다.
- 겨울 땔감에 필요한 돈을 여름철 한가할 때 놀면서 탕진하지 마라.
- 절약을 모르는 상인은 털이 나지 않은 양과 같다.
- 아직 숲 속에 있는 곰의 가죽을 팔아먹어서는 안 된다.
- 차용한 돈을 약속대로 갚은 자는 신용을 곱으로 늘린다.
- 남에게 빌린 돈을 갚지 않는 사람은 도둑이다.
- 빌린 돈은 어떤 돈이든 입구는 넓고 출구는 좁게 마련이다.
- 남의 돈을 빌려 간 사람이 돈을 갚을 수 없다는 것을 알았을 때 그의 근처를 배회하지 마라.
- 가려운 곳을 긁는 것과 어려울 때 남에게 돈을 빌리는 것은 임시방편일 뿐이다.
- 가난한 사람은 네 계절밖에 고생하지 않는다. 봄, 여름, 가을, 겨울이다.
- 가난을 이겨낼 아름다움은 없다.
- 가난한 사람이 암탉 한 마리를 먹는다면 그가 병에 걸렸거나 아니면 암탉이 병에 걸린 경우 중 하나다.

지금의 1천만 원과 1년 뒤의 1천2백만 원,
어느 쪽을 선택할 것인가?

하수 "겨우 2백만 원밖에 차이가 나지 않는 거라면 당연히 지금 1천만 원을 받는 게 더 낫지 않아?"라면서 지금의 1천만 원을 선택하는 사람

고수 상대방의 경제 신용도를 고려해 어느 쪽이 이득인지를 생각하는 사람

여러분이 경제적으로 곤란하지 않은 상태에서 경제적으로 가장 신뢰하고 있는 지인 A에게 어떤 상품을 판매하였습니다. A는 여러분에게 "지금 1천만 원을 받을 것인가? 아니면 1년 뒤에 1천2백만 원을 받을 것인가?"를 물어옵니다.

지금의 1천만 원? 1년 뒤의 1천2백만 원? 이는 어느 쪽이 여러분에게 가치가 있는가를 묻는 질문입니다. 역시 대답은 쉽지 않습니다.

그렇다면 질문을 바꿔 지금의 1천만 원과 1년 뒤의 1천만 원 가운데 어느 쪽이 더 좋습니까? 라고 묻는다면 어떨까요? 99퍼센트 이상이 당연히 지금의 1천만 원을 선택하겠지요. 이때 뇌는 순간적으로 "지금의 1천만 원이 1년 뒤의 1천만 원보다 현재의 가치가 더 높다"라고 판단을 한 것입니다.

그렇다면 이런 질문은 어떻습니까? 지금 받는 1천만 원과 1년 뒤에 받는 2천만 원. 어느 쪽을 선택하겠습니까? 이 경우에 많은 사람이 "1년 뒤에 2천만 원을 받겠다!"라고 대답하지 않을까요? 이때 뇌는 만약 상환리스크가 없다면 "지금의 1천만 원보다 1년 뒤의 2천만 원 쪽이 현재의 가치가 더 높다"라고 판단을 한 것이지요.

그렇다면 왜 지금의 1천만 원보다 1년 뒤의 2천만 원을 선택할까요? 만약 당신이 지금의 1천만 원을 1년 뒤에 확실히 2천만 원보다 더 큰 금액으로 만드는 운용방법을 알고 있다면, 1년 뒤의 2천만 원보다 지금의 1천만 원을 선택할 수도 있을 것입니다. 다만 지금의 1천만 원을 1년 뒤의 2천만 원보다 크게 만들기 위해서는 연이율 100퍼센트보다 높은 운용을 해야만 합니다.

연이율 100퍼센트 이상! 1년 동안 수익률 100퍼센트 금융 상품이 정말로 있을까요? 없다고는 할 수 없겠지만 아마도 리스크가 상당히 높은 상품이겠지요. 돈을 벌기보다 전부 잃게 될 가능성이 더 클 것입니다. 눈앞에 작년 실적이 연이율 100퍼센트인 금융 상품이 있다고 하더라도 이 상품이 앞으로 1년 동안 계속해서 연이율 100퍼센트를 달성할 수 있을지 아닐지는 아무도 알 수 없지요. 그렇다면 역시 1년을 기다린 다음에 2천만 원을 받는 쪽이 대다수 사람에게는 타당한 선택이라고 할 수 있습니다.

자, 이 시점에서 다시 한 번 처음 질문으로 돌아가 볼게요. 지금 받는 1천만 원과 1년 뒤에 받는 1천2백만 원 가운데 어느 쪽이 이득일까요?

A로부터 '지금 1천만 원을 받을 것인가? 아니면 1년 뒤에 1천2백만 원을 받을 것인가?' 라는 질문을 득실을 따져보는 관점에서 이 문제를 좀 더 자세히 생각해 보겠습니다. 어느 쪽을 선택할 것인가 라는 질문은 관점을 바꿔보면 이런 이야기가 될 것입니다.

지금부터 1년 동안 여러분은 1천만 원을 A에게 연이율 20퍼센트로 빌려줄 것인가? 아니면 빌려주지 않고 손에 쥐고 있을 것인가? 라고 하는 것입니다. 결국, 처음의 질문은 A에게 연이율 20퍼센트로 1천만 원을 빌려주는 것이 타당한지 아닌지를 선택하는 질문이라고 바꿔 해석할 수 있지요.

여기서 한 가지 더 생각해 봐야만 하는 것이 있습니다.

만약 '지금의 1천만 원'을 선택한다면 지금부터 1천만 원을 주식 투자든 은행 예금이든 펀드든 다양한 방법을 통해서 운용할 수 있는데, '1년 뒤의 1천2백만 원'을 선택한다면 이와 같은 운용기회가 아예 없어진다는 사실입니다. 그러니까 1년 뒤의 1천2백만 원을 선택한 사람은 다른 자산 운용 기회를 잃는 대신에 A에게 1천만 원을 연이율 20퍼센트로 빌려주는 운용방법을 선택한 것입니다. 이런 이유로 A에게 1천만 원을 빌려줄 경우의 리스크보다 더 낮은 리스크로 연이율 20퍼센트보다 더 많은 수익을 얻는 운용방법을 알고 있다면 A로부터 지금 1천만 원을 받아서 운용하는 것이 합리적입니다.

다만 질문의 조건에 A는 여러분에게 '경제적으로 가장 신뢰할 수 있는 상대방'이라고 하였습니다. 이는 질문의 내용을 잘 살펴보면 A에게 빌려주는 것보다 리스크가 낮은 운용방법은 없다는 설정입니다. 게다가 원금 상환 위험이 없다는 것도 조건입니다.

그렇다면 역시 '1년 뒤에 A로부터 받는 1천2백만 원'을 선택하는 것이 적절한 선택이 됩니다.

이렇게 생각하는 방식을 '미래의 현금수지를 현재가치로 할인하다 (Discounted Cash Flow)'라고 표현합니다.

1년 뒤의 1천2백만 원을 연이율 20퍼센트로 하여 현재가치로 할인하면 1천만 원이 되지요. 조금 어려울 수도 있겠지만, 돈에 관해 생각하는 데 있어서 중요한 이야기이므로 확실히 이해해두기 바랍니다. 그리고 이때의 20퍼센트를 '할인율'이라고 표현합니다. 이 할인율은 여러분이 투자대상에 대해 리스크를 인식하는 정도에 따라 바뀌지요. 여러분은 신용이 부족한 사람에게 돈을 빌려줄 때 그 리스크에 맞는 이자를 기대합니다. 이 예정이율로 미래의 금액을 '현재가치'로 변환시킬 수 있습니다.

앞의 예에서는 '1년 뒤의 1천2백만 원을 연이율 20퍼센트의 현재가치로 할인을 하면 1천만 원이 되는 것' = '1천만 원을 연이율 20퍼센트로 운용을 하면 1년 뒤에 1천2백만 원이 되는 것'을 알아보았습니다.

어느 정도의 할인율이 적당한지를 측정하는 것은 매우 어려운 일이며 지식이나 경험에 의존해야만 합니다. 하지만 앞서 설명한 금융경제구조 그 자체는 반드시 이해해 두기 바랍니다.

재무계산기 무작정 따라하기

여러분은 지금 받을 수 있는 100만 원과 1년을 기다려야 받을 수 있는 120만 원 중 무엇을 선택하겠습니까? 무턱대고 큰 금액을 선택할 것이 아니라 현재 금리와 비교해서 정확히 계산해 봐야 할 문제입니다. 그래야 손해 보는 일이 없을 테니까요! 다음 예제를 직접 계산해 봅시다.

📢 재무계산기 앱 (사용 앱: BA Financial Calculator)

먼저 안드로이드 마켓에 무료 앱 'BA Financial Calculator'를 검색 후 다운로드하여 설치합니다. 그러면 계산기와 같은 형식과 모양이 화면에 나옵니다. 자, 이제 직접 계산을 해볼까요?

미래가치 구하기!

Q: 100만 원을 이자율 2%로 1년간 예치한다면 1년 후에 찾게 될 금액은?

① [2ND] + [QUIT] + [2ND] + [CLR TVM] 우선 첫 번째 할 일은 이전 계산 기록을 모두 삭제하는 것입니다. 그래야만 충돌이 생기지 않아 정확한 값이 나올 수 있습니다.

② 깨끗하게 지웠으면, 본격적인 계산을 해볼까요? 미래가치를 구해봅시다.

③ 현재가치 (1,000,000) + [+/−] + [PV]

④ 이자율 (2) + [I/Y]

⑤ 년 수 (1) + [N]

⑥ [CPT] + [FV]

CPT 는 모두 입력했으니 "계산해 주세요." 라는 의미로 누르는 거니까 꼭 눌러주세요. 계산한 뒤 FV 를 누르면 값이 나오지요! 결과가 나왔나요?

A: 1,020,000

계산순서	재무계산기 사용법	포인트
워크시트 값 삭제	[2ND] + [QUIT] + [2ND] + [CLR TVM]	기존에 저장되어 있는 값 삭제
현재 가치 입력	1,000,000 + [+/−] + [PV]	숫자 입력 후 명령어 누름
이자율 입력	2 + [I/Y]	숫자 입력 후 명령어 누름
년 수 입력	1 + [N]	숫자 입력 후 명령어 누름
계산 명령어 누른 후, 미래가치 확인	[CPT] + [FV]	미래가치 계산 값 확인

Q: 이자율이 2% 일 때 1년 후에 받게 될 100만 원의 현재가치는?

① [2ND] + [QUIT] + [2ND] + [CLR TVM] 우선 첫 번째 할 일은 이전 계산 기록을 모두 삭제하는 것입니다. 그래야만 충돌이 생기지 않아 정확한 값 이 나올 수 있습니다.

② 깨끗하게 지웠으면, 본격적인 계산을 해볼까요? 현재가치를 구해봅시다.

③ 미래가치 (1,000,000) + [+/−] + [FV]

④ 이자율 (2) + [I/Y]

⑤ 년 수 (1) + [N]

⑥ [CPT] + [PV]

CPT 는 모두 입력했으니 "계산해 주세요." 라는 의미로 누르는 거니까 꼭 눌러주세요. 계산한 뒤 PV 를 누르면 값이 나오지요! 결과가 나왔나요?

A: 980,392

계산순서	재무계산기 사용법	포인트
워크시트 값 삭제	[2ND] + [QUIT] + [2ND] + [CLR TVM]	기존에 저장되어 있는 값 삭제
미래 가치 입력	1,000,000 + [+/−] + [FV]	숫자 입력 후 명령어 누름
이자율 입력	2 + [I/Y]	숫자 입력 후 명령어 누름
년 수 입력	1 + [N]	숫자 입력 후 명령어 누름
계산 명령어 누른 후, 현재가치 확인	[CPT] + [PV]	현재가치 계산 값 확인

📢 더욱 간단한 앱 (사용 앱: 화니소프트 '재무계산기')

'BA Financial Calculator'와 원리는 비슷하지만, 초등학생도 따라 할 수 있는 조작이 아주 쉬운 앱도 있습니다. 먼저 같은 방법으로 안드로이드 마켓에 '재무계산기'를 검색 후 다운받습니다.

재무계산기 카테고리

미래가치 계산: [미래가치] – 현재금액, 년 수, 물가상승률 입력하면
미래가치 계산

현재가치 계산: [현재가치] – 미래금액, 년 수, 물가상승률 입력하면
현재가치 계산

여기까지 잘 따라왔나요? 어려워 보이지만 잘 생각하고 이해한다면 쉬운 원리입니다.

편리하게 사용하기 위해서는 앱을, 원리를 이해하기 위해서는 계산기를 사용하면 좋습니다. 재무계산기나 앱을 이용하면 모르고 지나치거나 발생할 수 있는 애매한 상황을 계산해 볼 수 있으니 매우 유용하지요! 고급 정보이니 머리 아프고 복잡하다는 이유로 포기하지 마세요.

인류가 발명한 가장 뛰어난 금융 상품은?

하수 연이율 12퍼센트 복리 이자의 금융 상품에 "1천만 원을 투자해 봐야 1년 뒤에 겨우 1천1백2십만 원이잖아!"라면서 무시하는 대졸 월급쟁이

고수 연이율 12퍼센트 복리 이자의 금융 상품에 자신의 소중한 재산 1천만 원을 투자하는 20세의 고졸 월급쟁이

복리란 무엇일까요?

복리(compound interest, 複利)란 일정 기간 내의 이자를 원금에 포함하여 그것을 다시 원금으로 만든 뒤에 이자를 계산하는 방법입니다. 예를 들어 '원금 1천만 원에 연이율 10퍼센트의 복리'라면 최초 1년에 1천만 원

은 1천1백만 원이 됩니다. 1년 뒤에 불어난 자금을 찾지 않고 그대로 놔두게 되면 2년 뒤에는 1천1백만 원에 대해 10퍼센트의 이자가 다시 붙어 1천2백1십만 원이 됩니다.

은행 예금 등의 금리는 이 복리 방식으로 계산합니다. 참고로 국채와 같은 경우에는 단리(최초의 원금에만 이자가 붙는 계산방법)로 계산하지요. 연이율 12퍼센트의 복리로 1천만 원을 운용할 경우 30년 후에 그 액수가 얼마인지 곧바로 예측할 수 있습니까? 그 액수는 무려 약 30배! 즉 지금의 1천만 원이 30년 뒤에는 3억 원이 됩니다. 고수는 20세에 1천만 원을 투자한 다음 그 뒤로 버는 수입 전부를 써버리더라도 50세에 3억 원이라는 돈을 손에 쥘 수 있습니다.

참고로
연이율 15퍼센트 복리라면 30년 뒤에는 66배!
연이율 20퍼센트 복리라면 30년 뒤에는 237배!
연이율 25퍼센트 복리라면 30년 뒤에는 무려 800배!

즉 1천만 원을 연이율 25퍼센트로 운용할 수만 있다면 30년 뒤에는 80억 원 이상이 됩니다.
"연이율 25퍼센트의 금융 상품은 있을 리가 없지!"

아마도 이렇게 생각하는 사람이 많을 것입니다. 어쩌면 맞는 말일 수도 있습니다. 그런데 이건 몰랐을 텐데요. 세계에서 세 번째 부자인 워런 버핏(개인자산 약 727억 달러)이 경영하는 회사인 버크셔 해서웨이 주가의 연평균 성장률은 최근 20년 동안 정확히 25퍼센트입니다.

버크셔 해서웨이는 1982년에 뉴욕증권거래소에 상장되었으므로 적어도 34년간 누구라도 그 회사의 주식을 매수할 수 있었습니다. 물론 미국인이 아니라면 환율 변동을 고려해야 했겠지만, 미국인이라면 누구라도 연이율 25퍼센트로 34년간 복리로 운용할 수 있는 금융 상품을 보유할 수 있었던 것이지요.

물론 워런 버핏처럼 훌륭하고 유능한 경영자를 찾아내는 요령을 습득하는 점이 가장 큰 문제로 남아 있습니다.

참고로 연이율 25퍼센트로 대출을 받았을 경우에 완전히 상환하지 않는다면 마찬가지로 부채가 복리로 불어납니다. 그야말로 상상도 하기 싫은 일이지요. 그런데 이게 바로 종종 사회문제로 떠오르는 전형적인 사금융 대출자의 피해 사례이기도 합니다.

지금 현재 1천만 원의 여유자금이 있는 사람과 1천만 원의 부채가 있는 사람의 순자산 차이는 2천만 원입니다. 하지만 전자는 1천만 원을 운용할 수 있고, 후자는 1천만 원에 대해 상환하지 않을 경우 이자가 발생하지요.

　시간이 지남에 따라 두 사람의 순자산 차이는 점점 커집니다. 이것이 바로 복리의 무서운 힘이며 또한 엄청난 마력이기도 하지요.

"인간이 발명한 시스템 가운데
가장 놀라운 것은 복리이다"

— 알버트 아인슈타인

금융마술사

금융마술사라면 과연 누구일까요? 바로 복리 이야기입니다. 복리란 이자에 이자가 붙는 것으로, 아인슈타인은 이것을 "인간이 발명한 시스템 가운데 가장 놀라운 것은 복리이다"라고 하며 '가장 위대한 수학의 발견'이라고 했습니다. 세계 7대 불가사의에 복리를 추가해 8대 불가사의라고 지칭할 정도였습니다.

대서양을 건너온 백인 이주민에게 뉴욕 맨해튼을 헐값에 판 인디언의 사례는 복리 효과를 잘 보여줍니다. 인디언은 1626년 단돈 24달러에 맨해튼을 백인 이주민에게 넘겼습니다. 매우 싸게 판 것 같지만, 복리효과를 고려하면 인디언이 엄청 비싸게 팔았다는 사실을 알 수 있습니다.

월스트리트 역사상 가장 뛰어난 투자자 중 하나로 꼽히는 존 템플턴은 "24달러를 받은 인디언이 매년 8%의 복리 수익률을 올렸다면 지금 맨해튼은 물론 로스앤젤레스를 두 번 사고도 남는 돈이 됐을 것"이라고 말했습니다! 24달러에 매년 이자가 지급되고, 불어난 이자에 또 이자가 지급되는 복리로 계산하면 379년이 지난 지금 약 110조 달러(약 15경 원)라는 천문학적인 금액이 되는 것입니다.

📢 복리의 진정한 마법은 바로 시간

　복리의 또 다른 이름, 뭔지 알고 있나요? 바로 '눈덩이'입니다. 갈수록 크게 불어난다는 뜻을 가진 이름처럼 복리의 마술과 장기투자의 시너지 효과는 엄청나지요. 복리로 원금 매달 50만 원씩 넣으면 40년 뒤에 과연 어떤 결과가 나올까요? Lesson 13의 실용 POINT에서 설명한 무료 재무계산기 앱 'BA Financial Calculator'를 이용하여 함께 계산해 봅시다.

　혹시 Lesson 13에서 무료재무계산기 앱을 다운 받지 않으신 분은 다시 Lesson 13을 참고하여 스마트폰으로 앱을 다운 받으세요. 그리고 직접 계산해보세요. 그러면 눈으로만 이해하는 것보다 부(富)는 여러분에게 훨씬 가까이 올 것입니다.

(매달 50만 원씩 / 연 10%로 가정)

10년	95,624,547원
20년	343,649,996원
30년	986,964,136원
40년	2,655,555,334원

⇒ 10년에 거의 3배씩 불어남

📢 **복리 계산법** (40년일 경우 / 앱 'BA Financial Calculator' 사용)

계산순서	재무계산기 사용법	포인트
워크시트 값 삭제	[2ND] + [QUIT] + [2ND] + [CLR TVM]	기존에 저장되어 있는 값 삭제
연 불입금액 입력	6,000,000 + [PMT]	숫자 입력 후 명령어 누름
납입 년 수 입력	40 + [N]	
수익률 입력	10 + [I/Y]	
계산 명령어 누른 후, 미래가치 확인	[CPT] + [FV]	미래가치 계산 값 확인

* PMT = 연 불입액(월 불입액×12)

순서대로 계산해 보시면, 2,655,555,334라는 값이 나옵니다. 이것도 좀 귀찮으신 분은 '스마트 금융계산기'나 '재무계산기' 같이 수식만 입력하면 되는 간단한 앱을 사용해 보세요. 자기 돈의 미래가치를 직접 계산해 보는 것이 부자로 가는 첫걸음입니다(스마트폰으로 게임만 하지 마시고 꼭 해보세요).

내일부터라도 아침에 모닝커피 한 잔 값만 아껴서 복리의 마법을 부려봅시다. "그렇게 해서 어느 세월에?"라고 코웃음 칠 수도 있겠지만 무심코 써버리기 쉬운 푼돈을 잘 활용했을 때의 효과는 생각보다 큽니다. 커피 한 잔 값을 4000원으로 가정해 볼 때, 이 돈을 1개월 아끼면 12만 원을 모을 수 있습니다. 매월 12단 원을 약 8.6%의 월 복리로

30년간 운용하면 만기지급액은 무려 2억 원 이상이 되지요(2억365만6419원, 세전). 30년이란 시간에 투자한 결과 복리의 마법으로 2억 원이 넘는 돈이 커피값에서 생기는 것입니다.

"티끌은 모아봐야 티끌이다."라는 말도 틀리지 않지만, "티끌을 오랜 시간 모으면 태산이 된다."라는 말에는 이견이 없겠지요? 푼돈(티끌)을 모아 시간에 투자한다면 생각지도 않은 큰돈(태산)이 된다는 것을 꼭 명심해야겠습니다.

변동금리와 고정금리,
어느 쪽이 더 현명할까?

하수 "변동금리가 고정금리보다 확실히 금리가 낮군!"이라면서 변동금리
로 장기 상환해야 할 돈을 빌리는 사람

고수 "변동금리가 고정금리보다 금리가 낮으니까 더 좋지 않나요?"라면
서 현재의 초저금리시대에 변동금리로 장기 상환해야 하는 돈을 다
른 사람들에게 빌려주고자 하는 사람

금융기관에서 빌리는 부채의 금리에는 금리가 계약 시점에 고정되는
'고정금리'와 시중금리의 변동 등을 고려하여 미래의 금리가 변하는 '변
동금리'가 있습니다. 현재는 역사상 가장 금리가 낮은 초저금리시대입
니다. 하지만 금리가 가장 낮다는 의미는 언젠가 금리가 상승할 가능성

이 '반드시 있다'는 의미이기도 하지요.

　현재 주요 선진국 정부의 국채비(국채 이자 지급 비용 및 상환기간을 맞은 국채의 전환대출)는 상승하고 있습니다. 경기침체로 인해 유발된 불경기를 타개하기 위해 거액의 재정출동 필요성이 생겨나고 있는데, 이것은 결국 국채발행을 증가해야만 조달되기 때문에 정부의 부담은 더욱더 늘어만 갈 뿐입니다.

　게다가 국가의 세수는 큰 폭으로 줄어들 것으로 예측되어서 현시점에서 세수만으로 일반회계를 조달하기에는 턱없이 부족한 것이 현실이지요.

　이러한 이유로 인해 현실적으로 생각해 보면 정부는 '화폐 추가발행'에 의존하지 않고서는 국채비와 국가 예산을 도저히 조달할 수 없어 보입니다. 곤란할 경우에는 돈을 찍어내라! 그렇습니다. 가장 간단한 방법입니다.

　다만 화폐를 너무 안이하게 추가로 발행하면 어떤 문제가 발생할지는 잘 알고 있지요? 그렇습니다. 화폐의 추가발행으로 화폐 가치가 떨어집니다. 요컨대 인플레이션이 발생하는 것이지요. 그렇다면 인플레이션이 극심하게 진행하면 어떻게 될까요? 당연히 돈의 가치는 하락하고 다른 한편으로 금리는 급등할 것입니다.

그렇게 되면 변동금리로 장기간에 걸쳐 돈을 빌린 사람들은 그때가 되면서 큰 손해를 보게 되겠지요. 금리가 올라 '원금보다도 더 많은 액수의 이자'를 지급해야만 하는 처지에 늘일 수 있기 때문입니다. 한편 변동금리로 돈을 '빌려준 쪽'은 인플레이션으로 인해 받아야 하는 금리가 상승하게 되므로 이보다 더 기쁜 일은 없을 것입니다.

이제 알겠지요? 초저금리시대에는 '돈을 빌려줄 거라면 변동금리', '돈을 빌릴 거라면 고정금리'가 이득이라고 하겠습니다. 아무쪼록 이와 반대되는 길을 선택하지 않도록 유념하기 바랍니다.

금리를 알면 돈이 보인다

경제 개념이 전혀 없는 최하수, 금융무지에서 벗어나고자 크게 마음먹고 금융지식의 달인인 절친 김고수를 찾아간다. 하수는 고수를 만나 평소 매체를 통해 많이 접했던 용어 '금리'에 대한 호기심을 조심스럽게 털어놓는다.

하수 내가 요즘 금융이나 재테크 쪽에 관심을 가져 보려는데, 모르는 용어가 왜 이리도 많은지. 도무지 진도가 나가지 않아서 고민이야. 특히 '금리'나 '기준금리'에 대한 내용이 많더라고. 대체 '금리'라는 것이 뭐야? 전반적인 내용을 쉽게 알고 싶어.

고수 정말 오래 살고 볼 일이네. 네가 이런 분야에 관심을 두다니. 그렇게 궁금하면 금리와 기준금리에 관해 설명해 줄게. 먼저 '금리'의 뜻부터 간단히 설명하지. 금리는 자금시장에서 구체적으로 거래되고 있는 자금의 사용료 또는 임대료와 같은 개념이야. 생활하다 보면 돈이 부족해서 은행이나 다른 사람에게 빌리기도 하고, 남은 돈을 은행에 예금하거나 다른 사람에게 빌려 주는 경우가 생기잖아? 빌려 주는 사람이 빌리는 사람에게 사용료를 부과하고 있는데, 이를 이자라고 하지. 이 이자의 원금에 대한 비율을 이자율 또는 금리라고 하는 거야.

하수 그런 뜻이었구나! 그렇게 설명해 주니까 알겠네. 이렇게 쉬운 거였다니. 나머지도 친절한 설명 부탁해. '기준금리'는 또 다른 차원의 뜻을 가지고 있는 거야?

고수 기준금리는 한 국가를 대표하는 금리로 말 그대로 각종 금리의 기준이 돼. 시중은행 금리가 돈의 수요와 공급에 따라 결정되는 것과 달리, 기준금리는 한국은행이 은행·금융 회사 등과 거래할 때 기준이 되는 금리로 금융통화위원회에서 결정되지. 위원회는 국내 물가, 국내 경제, 금융시장 상황을 종합적으로 고려하여 기준금리를 결정하는 것이고.

하수 금리 앞에 붙은 '기준'에 의미가 있는 거였구나. 그렇다면, 기준금리가 나라 경제에 영향을 주기도 하겠네?

고수 정답! 하나를 알고 열을 깨닫다니, 제법이야! 그래서 경제를 안정시켜주는 정책이 필요해. 일반적인 방법으로는 크게 정부의 재정정책과 한국은행의 통화정책이 있어. 두 정책 모두 침체한 경제를 살리거나 과열된 경제를 억제하는 방법이야.

하수 좀 더 자세히 설명해 줘.

고수 우선 '재정정책'은 정부의 지출(특정 목적을 위해 돈을 지급하는 일)을 조절하는 방법이야. 경기가 나쁘면 정부가 공공투자를 늘려 지출을 증가시키고, 반대로 경기가 과열돼 물가가 치솟으면 지출을 줄이지. 또 다른 방법인 '통화정책'은 금리를 통해 통화량을 조절하는 방법이야.

통화량이란 시중에 유통되는 돈의 총량이지. 통화량이 많아지면 물가가 상승하고, 통화량이 부족하면 경제활동이 침체할 우려가 있어. 그래서 한국은행은 경기가 과열되면 금리를 올려 통화량을 줄이고, 경기가 나쁘면 금리를 낮춰 통화량을 늘리는 거야. 여기에서 말하는 금리가 바로 기준금리지!

하수 기준금리가 아주 중요한 역할을 맡았구나. 많이 등장하는 이유가 있었어!

고수 맞아. 기준금리가 중요한 이유는 기준금리에 따라 채권매매나 금융기관의 지급준비율(고객이 맡긴 예금 일부를 은행이 의무적으로 한국은행에 예치하는 지급준비금의 비율), 또는 재할인율(중앙은행이 의무적으로 한국은행에 예치하는 지급준비금의 비율)이 결정되기 때문이야. 한국은행이 기준금리를 발표하면 시중은행을 포함한 금융기관이 이를 기준으로 다시 금리를 정하게 되지.

결국 한국은행이 기준금리를 올리면 시중은행의 금리도 오르고, 한국은행이 기준금리를 내리면 시중은행의 금리도 내리게 되는 거야. 이는 한국은행의 최대 과제인 물가안정과 관련이 있어.

하수 그런데 듣다 보니 궁금한 점이 생겼어. 한국은행은 어떤 상황에서 기준금리를 올리고 내리는 거야?

고수 좋은 질문이야. 한국은행은 물가를 비롯해 부동산 시세, 주식 등이 과열되어 있을 때 기준금리를 올려. 기준금리를 올려서 시중의 통화량을 줄이면 물가인상이 억제되고 부동산이나 주식시장의 과열을 완화하는 효과가 있어. 또 한국은행이 금리를 인상해 대출금리가 오르면 소비와 투자가 위축되겠지? 소비가 위축된다는 것은 결국 수요 감소로 이어져 물가를 내리는 효과가 있어. 이처럼 기준금리 인상은 경제활동을 억제하는 긴축정책으로 이어지지.

반대로 한국은행이 기준금리를 내리면 어떻게 될까? 은행으로부터 돈을 빌리는 데 따른 이자 부담이 줄어들면 기업과 가계는 대출을 늘리게 되고, 은행 대출이 늘어나면 시중의 통화량이 늘어나 결과적으로 경기부양에 영향을 주겠지. 이것을 이렇게 정리할 수 있어.

긴축정책	시장과열–금리 인상–통화량 감소–소비위축–물가인상억제
경기부양	시장침체–금리 인하–통화량 증가(대출 증가)–소비활성화

하수 그러면 마지막으로 기준금리가 어떻게 변했는지 알려줄 수 있겠니?

고수 물론이지. 기준금리의 변동 추이를 정리해둔 그림이 있어. 한 번 살펴봐. 도움이 될 거야.

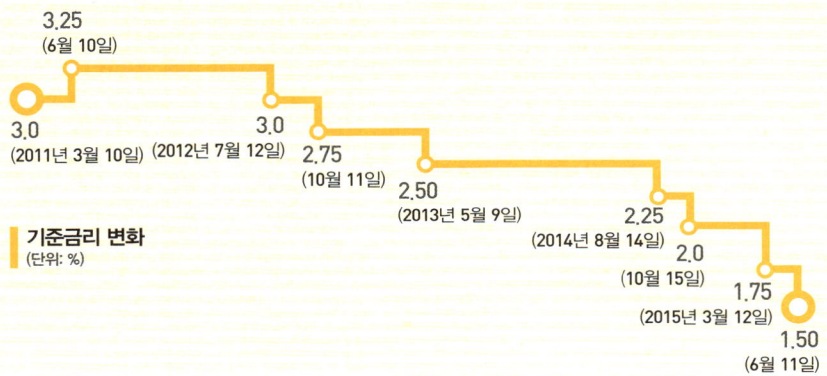

3.25
(6월 10일)

3.0
(2011년 3월 10일)

3.0
(2012년 7월 12일)

2.75
(10월 11일)

2.50
(2013년 5월 9일)

2.25
(2014년 8월 14일)

2.0
(10월 15일)

1.75
(2015년 3월 12일)

1.50
(6월 11일)

기준금리 변화
(단위: %)

하수 역시 넌 금융의 달인이야! 내 친구지만 참 존경스러워. 덕분에 금리와 기준금리에 대한 전반적인 것들을 배웠어. 오늘을 계기로 해서 경제 지식을 차근차근 쌓아 갈게. 고마워!

제3장

생활 속
구매의 함정

잔소리 같지만 사람들은 자기 자신의 욕심을
채우기 위한 소비는 너무 쉽게 하는 경향이
있습니다. "어쨌든 나는 이게 갖고 싶어!"라면
서 속된 말로 질러버리는 것이지요. 이런 소
비는 대부분 시간이 지나고 난 다음에 생각
해 보면 '불필요한 소비'였다는 생각이 들어
후회만 남지요. 여러분은 이런 경험이 없었나
요? 그러므로 평소 갖고 싶었던 것을 살 때도
일부러 경제적 합리성에 대해 한 번 더 생각
해 봐야 합니다.

LESSON 16

고정비 삭감,
변동비 증대

하수 불경기이므로 여행도 자제하고 외식도 하지 않는다. 대신에 지금 살고 있는 약간 사치스러운 집은 유지하려고 하는 사람

고수 불경기이므로 우선은 생활에 들어가는 고정비를 줄이지만 그렇게 줄인 만큼 가끔씩 놀러 다닐 수 있는 예산은 확보해 두는 사람

'이번 달에 해외여행 가서 1천만 원을 마구 써버리는 것'과 '이번 달부터 매달 3백만 원의 월세를 지급하기 시작하는 것'을 비교했을 때 어느 쪽이 더 사치스러울까요? 전자가 더 사치스러워 보이지 않나요? 아마도 전자의 경비는 노는 데 사용한 돈이지만 후자의 경비는 생활하는 데 들어가는 돈이기 때문일 것입니다.

하지만 돈의 취급이라는 관점에서 본다면 전자는 일시적인 지출(특별손익)인데 반하여 후자는 매달 고정적으로 들어가는 비용이기 때문에 불경기라는 점을 전제로 한다면 후자가 훨씬 더 사치스럽지요.

거의 모든 사람이 불경기는 예전부터 있었고 앞으로도 오래 지속할 것으로 예상합니다. 이러한 불경기를 극복하는 데 있어서 가장 효과적이고, 정신적으로 부담이 적으면서 국가 경제에 공헌을 가장 많이 하고, 가장 풍족하게 생활을 즐기는 방법으로 추천하고 싶은 것은 바로 '고정비 삭감, 변동비 증대'입니다.

고정비가 줄어들면 수입이 감소하더라도 지금까지 해 왔던 정도의 생활수준을 유지할 수 있으므로 정신적으로 매우 안정된 상태를 유지할 수 있습니다. 하지만 놀러 가지도 않고, 기분전환도 하지 않고, 스트레스 해소도 못 할 정도로 허리띠만 졸라매면서 비싼 월세를 계속 지급하다가는 수입이 감소하거나 일시적으로 없어지기만 해도 생활수준을 유지할 수 없어 스트레스는 더욱더 커지겠지요.

이 '고정비 삭감, 변동비 증대'라고 하는 원칙을 철저히 지키려고 노력하세요. 그러면 정신적으로 매우 안정된 생활을 유지할 수 있으며 돈을 모으는 것뿐만 아니라 제대로 된 '소비'도 계속 할 수 있습니다.

고정비를 줄여 잉여소득을 늘리는 방법

고정비 삭감이 왜 중요할까요? 매달 식비나 의류구매비용 등 유동적인 비용을 절약하는 것은 실제로 감소 효과가 별로 없습니다. 싼값으로 식사를 하거나 집안의 전기 코드를 빼놓는 등 소소한 절약법은 실행 가능한 달과 불가능한 달의 차이가 크고 절약 금액이 안정되지 않으니까요. 게다가 때에 따라서는 절약해야 한다는 중압감에 스트레스를 받기도 합니다.

그래서 다음과 같은 고정비 절감 방법을 추천합니다.

📢 고정비 절감 워스트 5

1위. 터무니없이 비싼 통신비

2위. 의미 없는 술자리 비용

3위. 사치스러울 정도의 식비

4위. 보장 내용도 모르는 고액의 생명보험료

5위. 건강에 도움이 안 되는 담배, 술 등의 기호품

이 중에 여러분에게도 해당하는 항목이 있나요? 절약할 수 있는 고정비는 지금 나열한 것 외에도 매우 다양하지만 먼저 소개한 고정비를 재점검해 보도록 하지요.

예를 들어 매월 10만 원 정도 내던 휴대전화 요금제를 변경해서 5만 원으로 줄이면 매월 5만 원 × 12개월 = 1년에 60만 원 절약할 수 있습니다. 고정비를 절반이나 줄였네요.

여기서 좋은 예를 소개할게요.

H 씨(32세, 전업주부)의 집은 남편(35세)과 초등학생, 유치원생의 자녀가 함께 사는 4인 가정입니다. 집안일도 아이 돌보기도 열심히 하는 주부이지요. 남편은 성실하게 일하지만 가계를 잘 꾸려나가지 못해 모아둔 돈이 거의 없는 것이 고민으로, 한 상담가를 찾았습니다.

- 수도: 2개월에 8만 원, 한 달에 4만 원
- 전기: 한 달에 14만 원
- 가스: 한 달에 8만 원
- 생명보험: 한 달에 50만 원
- 통신비: 한 달에 9만 원, 여기에 남편 4만 원 추가

상담가는 H 씨에게 사치스럽다는 느낌을 받지 못했습니다. 절약하기

로 마음먹었기 때문에 식비는 한 달에 40만 원 정도였지요. 절약 레시피를 많이 알고 있어 엄마들 사이에서 유명했습니다. 그러나 생명보험료, 통신비 등의 고정비와 전기세, 수도세가 높았습니다. 그동안 본인은 눈치채지 못하고 있었고, 가계진단을 하면서 처음 밝혀진 것으로 깜짝 놀라했지요. 사실은 스스로 전혀 자각하지 못해서 자신이 평균 이상으로 많은 돈을 쓰고 있다는 의식이 없었습니다. 이런 분들은 대부분 다른 곳에서도 모르는 사이 돈이 새나가곤 합니다.

상담가는 H 씨의 세금이 높았던 원인은 뭐든지 'ON으로 해놓는 습관'이라고 하였습니다. 설거지, 양치질, 세수할 때 물을 틀어놓습니다. 엄마의 그런 행동을 자녀도 따라 했지요. 전기는 사용하지 않는 곳에도 켜놓는 경우가 많았습니다. 물이 끓는데 가스도 끄지 않았습니다. 그런 상황이니 수도세, 전기세가 많이 나오는 것이 무리는 아니었지요. 게다가 휴대전화로 다른 엄마들과 장시간 통화하고, 메시지를 주고받고 있었습니다. 집이 가까우니 만나서 이야기할 수 있는데도 전화로 해결하는 것은 명백한 낭비입니다.

생명보험도 다른 엄마들이 "당연히 가입해야지"하는 보장 상품은 전부 가입하였습니다. H 씨의 가정에는 필요하지 않은 보험인데 쓸데없이 지불하고 있던 것이지요. 남편의 수입은 월 320만 원 정도입니다. 50만 원이나 되는 생명보험 내용의 반 이상은 지금도 필요 없는 보장입니다. 월 수입의 15%에 가까운 보험료는 가계에 큰 타격이 됩니다.

가계가 악화된 원인의 하나는 이 상황이 오기까지 아슬아슬하게 남편의 월급 범위 내에서 생활할 수 있었기 때문이었습니다. 궁지에 몰릴 정도로 다급하지 않아 문제를 뒤로 미루고 있었습니다.

현실을 알려드리니 절약하고 있다고 생각했던 H 씨는 큰 충격을 받았습니다. H 씨를 해결의 길로 안내해 드리기 위해 상담자는 가능한 범위 안에서 지속하기 쉬운 절약 방법을 추천해 주었습니다. 'ON으로 해놓는 습관'이 있는 H 씨는 세세한 일은 지속하기 어려우므로 최소한의 절약방법만을 택했습니다.

- 물은 계속 틀어놓지 않는다.
- 빨래는 욕조 물로 한다.
- 가능한 한 샤워를 삼가고 목욕을 한다. (샤워는 5분 동안 60리터의 물을 소비)
- 양치질할 때 물을 틀어놓지 않는다. (물을 틀어놓고 양치하면 3인 가족 기준 아침저녁 35리터의 물을 소비)
- 사용하지 않는 방은 불을 끈다.
- TV는 보지 않으면 켜두지 않는다.

마지막으로 고정비의 대표인 휴대전화 요금입니다. 허투루 쓰는 일 없이 최소한의 필요한 연락만을 취하도록 정했습니다. 엄마들과의 정보교환이나 수다는 직접 만나서 이야기하거나 아니면 통신사의 선택요 금제를 이용하는 것도 추천해 드렸습니다.

그리고 각종 지출을 소비 · 낭비 · 투자적 지출 세 가지로 분류하여 소비적 지출 및 낭비적 지출을 절대적으로 줄이고, 투자적 지출은 늘리는 습관을 갖도록 권장해 드렸습니다.

- 소비적 지출: 식비나 주거비, 전기세, 수도세, 교육비, 교통비 등
- 낭비적 지출: 기호품(담배나 술, 커피), 정도를 넘은 쇼핑이나 도박, 대출 이자 등
- 투자적 지출: 배우는 일, 책값 등 공부를 위한 비용, 투자신탁, 저축 등

경제생활이 윤택해지길 바라는 분들! 당장 내일부터라도 '고정비 삭감'을 꼭 기억하고 실천해 보세요.

LESSON 17

돈을 써야만
할 때

하수   "경기가 안 좋으니까 돈을 안 써야겠어! 경기가 좋아지면 그때 필요한 것을 사야지!"라고 생각하는 사람

고수   "경기가 안 좋은 지금이야말로 사기에 좋은 때다! 경기가 좋을 때는 가만히 있자!"라고 생각하는 사람

경기가 호황일 때는 하룻밤에 1천만 원을 썼다고 한다면 "뭐, 그럴 수도 있겠지!"하겠지요. 하지만 현재와 같은 불황에 하룻밤에 1천만 원을 썼다고 한다면 "엄청난 부자!"라는 느낌이 듭니다. 즉 같은 금액이라면 불경기일 때 사용하는 쪽이 훨씬 '쓸모가 있다'고 할 수 있지요.

이 사례는 물론 극단적인 상황입니다. 하지만 일반적으로 불경기일 수록 물건이나 서비스의 가격이 하락하는 경향이 있습니다. 시간이 지나면서 물건이나 서비스의 가격이 하락(통화가치가 상승)하는 것을 '디플레이션(deflation)'이라고 하지요. 이것과는 반대로 시간이 지남에 따라 물건이나 서비스의 가격이 상승(통화가치가 하락)하는 것을 '인플레이션(inflation)'이라고 합니다.

인플레이션일 때는 어떤 물건을 오늘 1천만 원에 살 수 있다고 하더라도 1년 뒤에는 1천만 원보다 비싼 가격이 아니면 살 수 없게 되기 때문에 '필요한 것은 빚을 내서라도 지금 사자'는 심리가 작동하여 소비가 늘어나고 호경기가 유지됩니다.

그러나 모두가 빚을 내서 물건이나 서비스를 구매하려고 한다면 물가가 계속해서 상승하며 그 결과 통화의 가치는 불안정해지겠지요. 따라서 사람들이 너무 쉽게 돈을 빌리지 못하도록 각 국가의 중앙은행이 정책금리를 올려 조정합니다.

한편 디플레이션일 때는 "좀 더 기다리면 싸게 살 수 있으니까 사는 걸 다음으로 미루자"는 심리가 작동합니다. 결국 소비가 줄어들게 되고 불경기가 또다시 불경기를 부르는 이른바 '디플레이션 악순환'이 우려되는 상황으로 발전하지요.

이 상태를 내버려두면 경제 혈관이 막히므로 중앙은행의 저금리 정책이나 정부의 재정출동으로 디플레이션의 진행을 저지하기 위해 조정에 나섭니다.

인플레이션이든 디플레이션이든 금융이나 경제가 제대로 기능을 한다면 언젠가 '반전'되는 사실은 역사적으로 증명되었습니다.

결국 중요한 것은 '어느 시기에 돈을 써야 할 것인가?'라는 점입니다.

이에 대한 답은 '호경기 때 열심히 일해서 돈을 모아 이것을 운용하여 가능한 한 순자산을 늘리고, 불경기 때 그 돈으로 갖고 싶었던 물건이나 권리(예를 들면 주식)나 서비스를 구매하는 것'이 유일한 답이라고 할 수 있습니다.

이 방법을 '장기간에 걸쳐', '지속해서' 실천하는 것이 개인이 경제대책을 세우는 기본 중의 기본입니다. 워런 버핏이 실천해 온 경제대책도 이와 같습니다.

하지만 호경기 때 모은 현금을 호경기로 인해 가격이 오른 물건이나 서비스에 호기롭게 지출하고, 불경기 때에는 불경기로 인해 충분한 자금이 없어 가격이 하락해도 물건이나 서비스를 구매할 수 없는 현실. 이것이 대다수 일반인이 처한 상황이지요. 그렇기 때문에 호경기나 불경기가 지속됩니다.

디플레이션 시대의 재테크 방법

디플레이션이란 무엇일까요? Lesson 11의 실용 POINT에서도 살펴보았습니다. 바로 통화량의 축소 때문에 물가가 하락하고 경제활동이 침체되는 현상을 의미합니다. 디플레이션은 광범위한 초과공급이 존재하는 상태입니다. 물가는 물론 경제 전반에 걸쳐 모든 것이 경색을 띠는 상황이라고 할 수 있으며 자산 가격 거품의 붕괴, 과도한 통화긴축, 과잉 설비 및 과잉 공급, 생산성 향상 등의 원인으로 발생합니다.

정부가 세금을 너무 많이 거두거나 정부의 재정 지출이 적을 때 일어나고, 또 저축된 돈이 투자되지 않을 때나 금융 활동의 침체 등이 원인으로 돈의 양이 부족해서 일어나는 현상입니다.

	디플레이션(deflation)	인플레이션(inflation)
개념	통화량이 줄어들면서 물가가 하락하고 화폐가치가 올라가면서 전체적인 경제가 침체되는 현상	시중에 돈이 많이 풀리거나 (통화량 증가) 비용이 증가하거나 수요가 풀리면서 화폐가치가 하락하고 물가가 꾸준히 오르는 현상
투자유망 대상	현금, 국채	주식, 원자재, 부동산

디플레이션 상황에서는 통화량이 줄어들어 물가가 폭락하고, 경기가 침체되어 부동산 주식 등의 자산 가격이 내려가고, 소비와 생산도 위축되면서 현금의 회전이 원활하지 않습니다.

그래서 투자 위축과 생산 감소를 초래하고, 실질임금 상승과 고용 및 생산 감소를 일으키는 동시에 채무불이행 위험이 증가하고, 은행 위기 신용경색 등 악순환을 일으켜 인플레이션보다 회복하기 힘든 현상으로 경제의 적신호입니다.

디플레이션이 오면 부동산 시장은 최대의 위기이자 재앙을 맞이하는 데요. 무주택자와 부채가 많은 유주택자 그리고 건설회사와 대출해 준 은행과 금융기관 모두가 큰 위기를 맞이하게 되지요.

디플레이션 시대에는 물가가 계속 하락하므로 무엇이든 나중에 살수록 유리합니다. 반대로 소유한 자산은 하루라도 빨리 팔아야 합니다. 주식도 펀드도 부동산도 모두 어려운 상황입니다. 최악의 경우 주식과 펀드는 손실을 확정하고 처분하면 되지만 부동산은 그럴 수 없습니다.

집값 하락으로 담보능력이 부족해지면 대출을 받은 금융기관에서는 상환압박이 들어올 것입니다. 대출 원리금 상환 독촉 때문에 지출을 줄이다가 나중에는 예금과 적금을 깨고 보험도 해약하는 상황에 이르지요. 부동산 세입자는 세입자대로 집주인의 부담 전가를 고려해야 하므로 모두에게 힘든 일입니다.

그래서 디플레이션 시대에는 실물자산보다 현금이 유용합니다. 빚을 내서 주식, 부동산 등에 투자하는 시대에서 금리를 기반으로 하는 금융자산 시대로 넘어가야 합니다. 그래서 노후 준비도 부동산 자산보다 연금이 더 적합합니다.

 디플레이션 시대의 재테크 TIP!

- 현금이 최고다. 주식, 부동산, 금 등 실물자산을 줄이고 현금비중을 늘려라.
- 노후 준비는 연금, 장기저축 등 금융자산 중심으로 한다.
- 대출 원리금은 밀리지 말고 상환한다.
- 주요국 금리 변화에 주목하라. 미국 등 선진국과 금리가 벌어지면 국내 투자자금이 빠르게 빠져나갈 수 있다.
- 디플레이션이 오면 전 경제 부문이 어려움을 겪게 된다. 본업에 충실해야 살아남는다.

여러분은 자가보유론자?
임대생활론자?

하수 "어차피 집세를 지급할 거라면 담보 대출을 받아서라도 집을 갖자!" 라며 소유하는 것 자체에 기쁨을 느끼는 사람

고수 "높은 이자를 부담하면서까지 '돈을 생산해 내지 못하는 것'을 소유 하고 싶지는 않다!"라고 생각하는 사람

한 아파트가 있습니다. 원래 분양 아파트였는데 일부 소유주는 임대로 전환하여 35년짜리 은행 담보 대출을 받아 구매해서 사는 사람과 부동산회사의 중개를 받아 임대로 사는 사람이 섞여서 같이 살고 있습니다. 그런데 어느 날 아파트에서 물이 새는 일이 벌어졌습니다. 아무래도 아파트 부실공사가 이 누수 현상의 원인 같았습니다.

임대로 사는 사람은 "이거 참, 귀찮은 일이 생겼네!"라면서 부동산회사에 민원을 제기할 뿐입니다. 그다음은 수리가 끝나기만 하면 그걸로 문제해결이지요. 자기가 책임지지 않아도 되므로 수리비용을 본인이 부담할 필요도 없습니다.

한편 아파트를 소유하고 있는 사람의 경우에는 수리비용을 한꺼번에 본인이 부담하든지 아니면 이러한 사태를 대비해 평소에 장기수선충당금이라고 하는 돈을 지급해야 합니다. 왜냐하면, '자신의 집'이기 때문이지요.

그뿐만 아니라 수리가 잘 끝나더라도 '자신의 보물'에 흠집이 생겼다고 하는 정신적인 상처가 남습니다. 게다가 소유주들은 35년이라고 하는 장기간에 걸친 주택 담보 대출을 받고 있으므로 오랫동안 '지급해야 할 이자'가 발생합니다. 더불어 부동산을 소유하고 있으므로 고정자산세(재산세)도 물어야 하고요.

이상 열거한 비용을 부동산을 소유한 사람은 임대료에 반영해서 임대의 경우도 마찬가지라고 하는 의견도 있습니다. 하지만 자산의 유동성 및 자산의 가격변동 리스크라는 면을 생각해 보세요.

그리고 그 주택의 등기상 소유주는 분명 주택 담보 대출을 받은 사람으로 되어 있습니다. 하지만 담보 대출에 대해 상환을 완전히 끝내기 전까지는 주택을 매각했을 경우 받은 돈의 대부분을 대출금 상환에 충당해야만 합니다.

즉 대출 잔액에 대해서는 사실상 융자를 해 준 금융기관(채권자)이 소유주이지요. 그러니까 '담보 대출 상환을 끝낼 때까지 주택보유론자들은 제대로 된 소유주가 아니다'라는 의미입니다.

이것은 집을 사지 말라고 하는 말이 아닙니다. 다만 지금까지 정부는 집을 구매하는 것과 보유하는 것에 지나친 꿈을 심어줘 왔습니다. 또한, 그것이 국가 정책이기도 했고요. 게다가 양질의 임대주택은 찾아보기 매우 어렵습니다. 그것이 부동산 업계가 의도한 바이기도 했지요.

하지만 지금은 상황이 달라졌습니다. 정확히 이야기하면 아파트도 단독주택도 모두 여유분이 많습니다. 앞으로 인구는 계속해서 줄어들 테고요. 그러나 지속적인 전세값 상승은 고려해야 할 상황입니다.

따라서 과연 집을 구매하는 게 의미가 있는지 아닌지 자신의 경제가치로 환산해 충분히 잘 생각해 보고 나서 집을 구매하세요. 절대 서두르지 마시고요.

내 집 마련에 대한 꿈은 누구나 원대하지요. 하지만 현실의 벽은 높습니다. 생각보다 큰 액수가 필요해서 좌절하는 사람도 많습니다. 빚을 내서라도 내 집을 마련할 것인지, 대출한다면 적당한 담보대출비율은 얼마인지, 나에게 딱 맞는 대출 금액은 어떻게 설정할 수 있을까요?

일반적으로 알고 있는 대출은 '금융 회사에서 돈을 빌리는 것'을 의미합니다. 은행, 저축은행, 캐피털, 대부 업체, 보험사 등에서 이루어지고 있지요. 대출이란 '현재 자산'이 '미래의 나'에게 돈을 빌리는 것인데 마치 제삼자에게서 돈을 빌려오는 것 같지만 금융 회사는 연결 고리 역할을 해주고 있는 것뿐입니다. 지금 빌리는 액수의 돈을 나중에 반드시 갚아야 한다는 사실을 직시하며 적당한 대출을 해야 하겠습니다.

그런데 '적당'이 얼마만큼인지 잘 모르겠지요? 대출 전에 먼저 스스로 질문을 해 보세요. "현재 소득이 증가하지 않고 이대로 유지된다고 할 때 얼마 정도의 대출 금액이면 3년 동안 열심히 벌어서 갚을 수 있을까?", "대출 상환을 하려면 허리띠를 졸라매고 살아야 할 텐데, 과연 감당할 수 있을까?"와 같은 것들이요. 그러면 소비를 최소화하고 저축이나 투자계획도 미루는 경우를 자연스럽게 생각해 보겠지요.

다음은 우리나라 가구의 평균 부채 부담률을 나타낸 표입니다.

우리나라 가구의 평균 부채 부담률 (자료: 통계청, 2013)

	전체	30세 미만	30~39세	40~49세	50~59세	60세 이상
부채자산비율 (부채/자산)	12%	19%	16%	14%	11%	9%
소득대비 상환금액(A) (연부채상환액/ 연소득)	12%	9%	16%	18%	11%	16%
부채소득비율(B) (부채/연소득)	0.8	0.5	1.0	1.3	1.4	1.4
부채상환에 걸리는 시간(B/A)	6.7	5.6	6.3	7.2	12.7	8.8

* 부채소득비율: 소득을 한 푼도 쓰지 않고 부채를 청산할 때 얼마의 시간이 걸리는지를 나타내는 것

우리나라 가계의 평균 소득 대비 대출 상환금액은 약 12% 정도이며, '부채 소득 비율'은 약 0.8년입니다. 그러나 지금의 매년 상환액을 기준으로 부채 청산에 걸리는 시간을 계산해 보면 부채 소득 비율로 보아 0.8년이었던 것이 6.7년(0.8년/12%)으로 늘어납니다.

적정대출금액:
연간 상환 가능 금액 × 평균 부채 상환 년 수 ≤ 총 연소득의 5배

이해를 돕기 위해 예를 들어 보겠습니다. 연소득이 5천만 원이고 생활비를 최대한 아껴 여유자금이 2천만 원씩 생긴다고 가정할 때, 6.7년간 대략 13,400만 원 정도를 갚을 수 있습니다. 바로 이 금액이 주택구매 시 적절한 대출금액입니다. 그리고 연소득의 5배인 2억5천만 원이 상한선이 되는 것입니다.

제시된 수치보다 실제로 변수가 많아서 자신만의 대출 원칙을 세울 때 상환에서는 조금 더 엄격한 기준을 적용하는 것이 좋습니다. 그렇다고 상환 기간이 너무 길면 의욕이 떨어질 수 있으니 기준이 되는 상환 기간은 너무 길지 않게 '적당히' 설정하도록 하세요.

정해진 답은 없습니다. 집을 살 능력이 되는 사람은 적당한 대출을 받아 살 수 있습니다. 하지만 남들 모두 '내 집 마련'에 힘을 쏟는 것 같은 불안한 마음에 무리하는 것은 금물입니다. 대출을 받더라도 자신에게 맞는 대출 금액을 정확히 아는 게 좋고, 현재와 미래의 재무 상태를 반드시 고려해야 합니다.

빚을 청산하는 기쁨을 느끼는 것이 대출자에게 자산 관리에 관심을 두게 하고 노력할 수 있도록 하는 원동력이 될 수 있습니다. 그래서 다시 대출을 받는 경우가 생기더라도 일단 자기 자신에게 맞는 자산 비율을 설정해 놓는 것을 추천합니다. 한마디로 자기 형편과 상황에 맞는 현명한 판단이 중요하겠습니다.

주택 담보 대출의
금리

하수 주택 담보 대출 광고를 보고 "1퍼센트라면 이자 부담이 거의 없는 거나 마찬가지군! 지금이 기회다. 집을 사자!"라며 서둘러 담보 대출을 받는 사람

고수 '금리 1퍼센트 캠페인!'이라는 광고의 한쪽 구석에 작은 글씨로 '계약 시점부터 3년간 금리 1퍼센트 고정, 그다음에는 변동금리'라고 써놓고 광고하는 회사

당연한 이야기이지만 금융기관은 절대 손해를 보는 금융 상품을 판매하지 않습니다. 그들의 비즈니스는 '자금운용'을 기초로 하고 있지요. 특히 주택 담보 대출의 경우에는 그 운용 기간이 매우 길지요. 따라

서 최초 몇 년 동안의 이익을 어느 정도 희생하면서 장기계약 고객의 획득을 선호합니다. 이는 장기적으로 계산을 해보면 금융기관이 절대 손해 보지 않도록 상품을 설계합니다.

예를 들어 캠페인 금리가 종료되는 4년 차 이후에 시중금리가 큰 폭으로 상승하면 갚아야 하는 '원금 상환액' 이상으로 '잔액에 대한 이자'에 해당하는 돈을 더 많이 지급해야 하는 일이 생길 수 있습니다.

2억 원의 담보 대출 잔액이 있다고 가정해 볼게요. 금리 1퍼센트면 연간 이자액은 불과 2백만 원입니다. 그런데 캠페인 기간이 끝나고 금리가 5퍼센트로 바뀌면 연간 이자액은 1천만 원이 되지요. 월 단위로 나누면 매달 1백만 원에 가까운 액수입니다. 물론 이것은 어디까지나 '금리'에 해당하는 이자액일 뿐입니다. 추가로 원금도 상환해야 합니다.

어떤가요? 주택 담보 대출을 받을 때는 이런 부분까지 생각하면서 리스크를 확인해야 합니다. 이와 매우 유사한 사례가 2007년 이후 문제가 되었던 이른바 '서브프라임 론(비우량 주택 담보 대출; 신용도가 일정 기준 이하인 저소득층을 상대로 한 미국의 주택 담보 대출)'의 속임수입니다.

"최초 5년 동안은 이자만 내시면 됩니다!"라든가 "최초 3년 동안은 이자를 하나도 내지 않아도 됩니다!"라는 식의 광고를 통해 처음부터 주택 담보 대출에 대한 상환이 곤란한 사람에게까지 융자를 해주어 주택

수요가 많이 늘어났습니다.

그 결과 주택가격이 일시적으로 상승한 것이지요. 만약 주택가격이 '지속해서 상승할 것'이라는 점을 전제로 한다면, 거액의 주택 담보 대출을 받더라도 구매한 주택의 가격이 시간이 지나면서 오르면 문제가 없습니다. 왜냐하면, 대출에 대한 상환을 본격적으로 시작할 즈음에 주택을 팔거나 늘어난 부동산 가치를 담보로 하여 새로 담보 대출을 받으면 되니까요. 그리고 이런 안일한 생각으로 인해 일시적으로 전 세계적인 경기 호황이 찾아왔던 것입니다.

하지만 이런 달콤한 꿈은 계속되지 않았습니다. 본격적으로 상환을 시작할 즈음에는 주택의 공급(즉 팔려고 하는 사람)이 늘어나면서 주택가격이 갑자기 하락하기 시작하고, 달콤한 유혹에 빠졌던 사람들은 담보 대출에 대한 상환을 못 하게 되면서 집을 잃었을 뿐만 아니라 채무까지 짊어지는 지경에 이르게 된 것입니다.

뿐만 아니라 서브프라임 론을 빌린 사람들에게 돈을 빌려준 '증거', 즉 채권을 증권으로 만들어서 전 세계 금융기관이나 투자자에게 대량으로 공급하였기 때문에 문제는 더욱 커졌습니다. 미국의 주택가격 붕괴는 단지 미국의 국내 문제로만 끝나지 않았습니다.

지극히 당연한 이야기이지만 가장 중요한 것은 주변에 휩쓸리거나 현혹되지 않고 '자신의 분수에 맞는 생활'을 하는 것입니다.

실패한 부동산 투자 모델

 A 씨의 사례

교사로 근무하던 A 씨. 개인 사업을 위해 2003년에 다니던 학교를 그만두고, 30평대의 자기 소유 집에 거주하며 준비에 한창이다. 그러던 어느 날, 2000년대 중반 부동산 붐이 일어난다. A 씨의 눈에 들어온 건 경기도에 있는 50평대 아파트. 처음엔 시가 8억 원에 달하는 비싼 금액 때문에 망설인다. 하지만 더욱 비싸게 팔아 이익을 남길 수 있을 거라는 확신에 자신의 자본 3억 원을 전부 투자하는 것도 모자라 5억 원까지 대출받아 무리하게 구매한다.

그러나 기대와는 달리 시세는 더는 오르지 않고 설상가상으로 50평대 아파트는 거래조차 이루어지지 않는다. A 씨는 이자비용만 겨우 내던 중 자금 상황이 나빠지면서 거주하던 30평대 아파트를 처분하고 어쩔 수 없이 경기도 인근 30평대 월세 아파트로 이사한다. 여전히 50평대 아파트 거래는 감감무소식이고, 급매물은 5억 원 정도라 지금 팔면 3억 원을 손해 보게 되는 실정이다. 실제로 거주하려고 해도 100만 원에 육박하는 관리비가 부담스러운 형편이다. 이러지도 저러지도 못하는 상황. 결국 A 씨는 원리금균등분할 상환을 한차례 다시 연기하여 이자만 갚아 나가기에도 빠듯하다. 3% 중반 금리에 월 150만 원 정도의 이자부담이 있고, 이자만 겨우 내는 형편이라 안심전환대출은 그림의 떡일 뿐이다.

이 사례에서 A 씨의 실수는 무엇일까요? 향후 부동산값이 오를 것이라는 욕심에 50평대 아파트를 무리하게 구매한 것입니다. 무지에 탐욕을 더해, 어떻게든 값이 뛰어 비싸게 팔 수 있을 거라는 어리석은 생각이 화를 부른 셈이지요. 어쩌면 돈이 없어 아파트를 사지 못했더라면 덜 억울했을 것입니다. 가진 돈 전부로 재테크를 잘 해보려다 생긴 불상사니 더욱 안타깝지요. 확실치 않은 경우에 손해를 안 보려면 무턱대고 구매하기보다는 차라리 아무것도 하지 않는 편이 더 나은 사례였습니다.

절대 남의 이야기가 아닙니다. 자신의 한도를 넘어 부동산을 구매했을 때 주위에서 심심치 않게 벌어지는 우리나라 '하우스푸어'의 현실입니다. 자기의 현재 및 미래의 상환능력을 철저히 고려하여 부동산을 구매하는 것이 가장 현명한 답입니다. 또한 아파트를 실제 거주나 임대소득목적이 아닌 단순 투자의 목적(Capital Gain)으로 보는 시대는 지났습니다. 반드시 실거주를 고려하여 구매하는 것이 바람직한 경제생활입니다.

사야 하는가?
사지 말아야 하는가?

하수 "차량 가격 8천만 원과 제반 경비에 해당하는 돈을 드디어 다 모았어! 역시 이 정도 차는 타야 남들이 알아주지!"라면서 들뜬 마음에 고가의 차를 사는 사람

고수 "현금도 충분히 있고 차도 아주 마음에 들어. 하지만 비싼 차가 밥 먹여 주는 건 아니잖아!"라면서 싸고 실용적인 차를 사는 사람

여러분 마음에 꼭 든 고급차가 있습니다. 차량 가격은 8천만 원으로 최고급 세단이라고 가정해 볼게요. 그리고 이 차량 가격과 제반 경비를 모두 모았습니다. 자, 어떻게 하겠습니까?

대부분의 사람은 자기가 갖고 싶어 하는 물건을 살 것인가, 사지 않을 것인가의 의사결정을 할 때 살 수 있는 현금을 조달할 수 있는지를 판단하곤 하지요. 즉 돈이 준비되면 곧바로 구매합니다.

하지만 그 돈을 주고서 얻을 수 있는 둩건이 미래에 만들어 낼 가치(그 것이 돈이든 여러분 개인적인 즐거움이든 무엇이든 상관없습니다)가 그것을 사기 위해 지급하는 돈의 액수에 걸맞은지 아닌지를 우선 생각해 봐야만 합니다. 예를 들면 주택 구매를 계획할 경우에 기본적인 가치는 '살아가는 장소로서 자신에게 최적인지 아닌지'를 생각해 보는 것입니다. 이와 같은 관점을 염두에 두고서 주택을 구매할 경우와 임대할 경우 각각의 미래 현금수지와 리스크에 대해 추가로 예측해 보고 가치를 판단합니다. 이것이 바로 합리적인 사고방식이지요.

물리적으로 완전히 같은 주택을 A는 담보 대출을 받아 구매하고, B는 임대로 살고 있다고 가정해 보겠습니다. Lesson 19에서 살펴본 아파트 이야기를 염두에 두셔도 좋습니다.

A의 현금수지는 담보 대출 원금 상환, 담보 대출 이자 상환(자본조달 비용), 재산세 지급, 화재보험에 추가하여 특수보험 등 소유주만이 지급해야 하는 보험료 납부, 아파트와 같은 공동주택일 경우에는 수선충당 금 지급, 단독주택의 경우에도 어떤 형태로든 들어가는 수리비용 지급 등 주택을 구매한 후에 추가로 내야 할 돈이 더 많을 뿐 주택 구매로 얻

어지는 현금 수입은 없습니다. 한편 B의 현금수지는 재산세 지급과 의무 가입되는 화재보험료 지급이 전부입니다.

A와 B의 현금수지를 각각 지급하는 시기에 따라 각자 표로 정리해 봅시다. 그것을 살펴보면서 어느 쪽이 이득인지를 생각해 보세요. 인간의 '소유욕'이란 원하는 만큼 채우기 위해 상당한 비용을 부담해야만 하지요.

자본조달 비용을 부담하면서까지 소유해야만 하는 것은 미래의 현금 수지가 추가할 수 있어야 합니다. 그것도 자본조달 비용 이상의 리턴(보수)을 얻을 수 있어야 하지요. 예를 들면 건물을 소유해 그것으로 사업하는 경우라면 아직 가능성은 있습니다.

하지만 주거를 목적으로 구매한 주택이 돈을 만들어 낼 수 있을까요? 주택을 소유하면 월세나 전세 지급을 면제받는 대신에 앞에서 이야기한 지급해야 할 여러 추가 비용이 기다리고 있습니다. 게다가 불필요한 세금도 들어가지요. 그뿐만 아니라 자연재해나 화재로 집을 잃게 될지도 모른다는 두려움을 항상 안고 있어야 하고, 만약 그 지역이 싫어지더라도 쉽게 이사할 수 없습니다. 즉 거주하는 장소를 자유롭게 선택할 수 없게 되는 불편함도 고려해야 합니다. 물론 자신의 소유욕을 위해 주택을 구매하는 사람도 분명 존재합니다.

자녀 교육을 위해서는 주택을 구매하는 것이 효과적이겠지요. 세입자로서는 마음대로 집안 개조를 할 수 없으니까요.

꿈과 현실 사이에서 소모하는 비용과의 '수지 계산'을 충분히 한 뒤에 주택을 구매할지 임대생활을 할지 생각해 봐야만 할 것입니다. 이때 지금의 1천 원과 10년 후의 1천 원을 같게 계산해서는 안 된다는 점을 반드시 명심하세요.

여러분이 허세를 부리기 위해 차를 구매하는 것이 아니라면 비싸기만 한 차를 구매하는 것은 난센스입니다. 왜냐하면 허세용 차는 현금을 전혀 창출해 내지 못하기 때문이지요.

물론 남들 앞에서 허세를 부리는 것이 인생의 큰 즐거움이라면 구매를 막을 수 없겠지요. 만족을 위해 최고급 세단뿐만 아니라 누구나 부러워할 슈퍼카까지 구매해도 좋습니다. 다만 가능하다면 형편에 맞는 차를 구매하여, 본인의 미래경제 생활에 조금이라도 도움이 되길 바랄 뿐입니다.

평생이 할부 인생

 M 씨의 사례

자동차 소유욕이 남다른 **M 씨.** 중견기업 입사 후 자신에게 주는 취업 선물로 꿈에 그리던 H사의 아△△를 장만한다. 얼마 지나지 않아 대학동창 모임이 열렸다. 그는 기세등등하게 차를 몰고 약속 장소에 나타난다. 하지만 자신보다 월등히 떨어졌던 친구가 소○○를 타고 있는 것이 아닌가. 왠지 자존심 상하고 묘한 승부욕에 다음 달 소○○를 구매한다.

그의 욕심은 여기서 끝나지 않았다. 누구나 부러워할 몸매를 가진 여자 친구를 사귀게 된 **M 씨.** 중형차로는 그녀의 마음을 사로잡을 수 없다는 생각에 항상 전전긍긍한다. 결국 근사한 데이트를 위해 할부가 채 끝나지도 않은 소○○를 처분하고, 한눈에 봐도 값비싼 외제차를 큰 맘 먹고 할부로 구매한다. 화려해지는 겉모습만큼 늘어나는 할부금에 시달리면서도, 그는 캠핑이 유행하자 신형 SUV로 교체할지 또 고민 중이다.

이렇듯 분위기에 휩쓸려 **M 씨**는 5년 안에 차를 세 번 교체한다. 바꾼 지 얼마 되지 않았음에도 불구하고 계속 자동차를 업그레이드해 왔다. 그 덕분에 월급의 약 **20%** 정도는 자동차 할부금 충당에 쓰고 있다. 할부금 변제는 계속되고 있다. 앞으로 갚아야 할 돈을 보면 너무 막막하지만, 그는 자신의 멋진 애마를 보며 현실을 애써 외면한다.

살지 말지 고민은 하지만 갖고 싶은 물건은 꼭 손에 넣어야 직성이 풀리는 분들! 사고 싶은 고가의 물건을 위해 열심히 돈을 모으는 분들! 신제품은 모두 구매하고 싶은 분들! M 씨의 소비 습관에 공감하나요?

열정과 집념은 좋지만 과한 소비는 화를 부릅니다. 상품의 가격만큼 돈을 모았다고 해서 부가적인 것들의 가치를 간과해서는 안 되지요. 사례의 M 씨는 원하던 자동차를 가졌지만 그와 함께 평생 할부금 인생이라는 꼬리표도 얻었습니다. 당장 물건을 얻어 좋지만 그 가치만큼의 갚아야 할 돈도 생겼지요. 또한 자동차를 살 때마다 붙는 취득세(자동차과 세표준금액의 7%)도 세금에 포함되는데요. 5년 동안 세 번이나 취득세를 성실납부한 모범납세자입니다(차량평균가격 3천만 원× 7% × 3번 = 약 6백만 원).

M 씨의 사례는 자동차회사 입장에서 가장 좋아하는 경우라고 할 수 있습니다. 그러나 당사자는 그 사실을 모르지요. 단지 소유욕, 과시욕만을 따져 평생 할부인생을 살게 되었으니까요.

살지 말지 고민이 될 때는 냉정하고 차분하게 생각해 보세요. 무조건 사는 것도 잘못이지만 무조건 아끼는 것도 잘못된 경제생활입니다.

무분별한 소비가 아니라 자신의 사회적 지위도 유지하며 필요한 소비를 현명하게 하세요. 또한 미래를 생각하지 않고 현실에만 충실한 구매도 낭패를 본다는 점! 명심하세요. **특히나 차량 구매 시는 지금의 자기 구매능력보다 한 단계 좋은 차를 구매해 약 10년 정도 탈 계획을 세우는 것이 바람직하다고 생각합니다.**

　사례 속 M 씨도 첫차로 아△△보다는 한 등급 위인 소ㅇㅇ를 구매해서 10년 이상 타는 것이 합리적 소비였을 것입니다.

소비는 자신에 대한 투자

하수 현금을 보유하고 있으면서 넘치는 소유욕에 휩싸여 갖고 싶은 것들을 무분별하게 구매하는 사람

고수 소유욕을 억누르고 경제적 합리성을 잘 따져본 다음에 정말로 필요한지 아닌지 생각해 보는 사람

사람들의 소비 행위를 자산 운용처럼 경제적 합리성만으로 판단할수는 없습니다. 주택이든 자가용이든 경제적 합리성보다 개인적인 취미나 기호에 따라 구매하는 일이 실제로 매우 많기 때문이지요. 더군다나 옷, 장식품, 외식 등의 소비에는 자신의 기호를 더욱 우선시합니다.

이 상황을 '투자'에 반영한다면 판단은 상당히 어려워집니다. 왜냐하면, '투자'로 인해 자신에게 되돌아오는 가치가 '자기 자신의 만족감'이라고 하는 것, 즉 다른 사람들과 비교할 기준이 없기 때문이지요. 따라서 단순히 경제적 가치라고 하는 잣대만으로는 측정할 수 없습니다.

저도 소비를 좋아하고 낭비도 해 본 경험이 있으므로 "자기 자신의 만족을 위한 소비가 무엇이 나쁜가?"라는 의견을 완전히 부정하지는 않습니다. 그래서 더욱더 '자기 자신의 만족감'을 위한 투자에는 그 소비가 경제 관점에서 자기 자신에게 어떠한 의미가 있는지 확실히 따져 보고, 그 경제적인 지출을 자신의 만족감을 채우기 위한 비용이라고 생각한 다음에 여전히 살만한 가치가 있는 것인지 판단해야 합니다.

잔소리 같지만 사람들은 자기 자신의 욕심을 채우기 위한 소비는 너무 쉽게 하는 경향이 있습니다. "어쨌든 나는 이게 갖고 싶어!"라면서 속된 말로 질러버리는 것이지요. 이런 소비는 대부분 시간이 지나고 난 다음에 생각해 보면 '불필요한 소비'였다는 생각이 들어 후회만 남지요. 여러분은 이런 경험이 없었나요? 그러므로 평소 갖고 싶었던 것을 살 때도 일부러 경제적 합리성에 대해 한 번 더 생각해 봐야 합니다.

소비를 하지 말라는 이야기가 아닙니다. 장롱예금처럼 시장경제에 아무 도움이 안 되도록 돈을 묶어두기만 할 거라면 오히려 열심히 소비하는 게 경제 활성화에 기여도 하고 더 효과가 좋습니다. 다만 시간이 지나고 나면 금방 후회하게 될 소비는 하지 말자는 이야기입니다.

실용 POINT 21
돈을 낭비하는 10가지 행동

📢 **돈을 낭비하는 10가지 행동**

미국 경제전문잡지 〈포춘〉이 선정한 돈을 낭비하는 10가지 행동(10 biggest money wasters)을 소개해 드리겠습니다. 〈포춘〉은 이와 같은 행동은 부자 되는 방법과 거리가 먼 습관이라고 전했습니다.

1. 자신의 거래 은행 대신 타 은행 자동인출기(ATM)기를 사용하는 것

⇒ 거래 은행 ATM기가 돈을 인출 및 송금할 때 별도의 수수료를 받지 않는 것과 달리, 타 은행 ATM기는 건당 약 5달러 수수료를 받아갑니다. 한 달에 약 10번 정도 타 은행 ATM기를 사용해도 연간 500달러 이상을 낭비하므로 꼭 거래 은행 ATM기를 사용하세요.

2. 복권(Lottery tickets)을 사는 것

⇒ 사람들은 번개 맞는 것보다 복권 당첨 확률이 더 낮다는 걸 알면서도 복권 구매를 멈추지 않습니다. 재미삼아 1주일에 10달러씩만 복권을 사도 연간 520달러를 거리에 버리는 셈입니다.

3. 고급 커피(Gourmet coffee)를 사 마시는 것

⇒ 통계에 따르면 미국인들은 커피숍에서 평균 8.43달러 이상을 지
출합니다. 1주일에 한 번만 커피숍에 들른다 해도 연간 385달러를
낭비하는 셈이지요. 집에서 커피를 직접 끓여 먹는 게 돈을 아끼는
길이 아닐까요?

4. 담배를 피우는 것

⇒ 통계에 따르면 미국인들의 연간 담배 총 구매비용은 800억 달러에
달합니다. 또 1인당 평균 1주일에 70달러를 담배 사는 데 씁니다.
금연하면 담배 구매비 외에 건강 보험료도 낮아지니 금연을 권고
하는 바입니다.

5. 홈쇼핑 등을 보고 물건을 충동구매(Infomercial impulse buys)하는 것

⇒ '매진 임박', '이 시간만 10달러' 등에 현혹되어 주문을 하면 부자가
될 수 없습니다. 월 200달러 정도를 충동구매한 많은 사람에게 질
의한 결과 그들은 그 물건을 잘 사용하지 않는다고 합니다. 이처럼
충동구매로 산 물건을 잘 사용하고 있다는 자료는 없습니다.

6. 브랜드 제품을 선호하는 것

⇒ 브랜드 제품을 선호하는 소비자들은 깜찍한 포장에 이끌려 제품

을 사는 경우가 대부분입니다. 그러나 제품 자체가 반드시 뛰어난 것은 아닙니다. 〈포춘〉은 소비자들은 무의식적으로 브랜드 제품을 선호할 뿐 제품 자체에 대해서는 의문을 갖지 않는다고 지적했습니다.

7. 외식(Eating out)을 즐기는 것

⇒ 외식은 사람들이 가장 낭비하는 행위 가운데 하나입니다. 〈포춘〉은 사람들은 기부에 20달러 쓰는 것은 아까워하면서 외식을 두 번만 참으면 100달러가 절약된다는 생각은 하지 못한다고 지적했지요. 점심을 도시락으로 해결하면 연간 2,500달러를 저축할 수 있다는 놀라운 사실이 있습니다!

8. 잘 가지도 않으면서 '사용하지 않는 헬스회원권'을 구매하는 것

⇒ 운동하기 위해 헬스회원권을 구매했으나 헬스장을 꾸준히 가기는 쉽지 않습니다. 〈포춘〉은 회원권을 끊고 헬스장을 가지 않는 것은 1년에 수백 달러를 길거리에 흘리는 것과 같다고 비유했습니다. 차라리 자전거를 사 집에서 운동하는 편이 낫다고 권고하면서요. 물론 자전거도 사놓고 사용하지 않으면 똑같은 이야기이지요.

9. 인터넷 쇼핑으로 당일 거래(Daily internet deals)를 즐기는 것

⇒ 온라인 쇼핑을 즐기는 사람들이 흔히 범하는 오류 중 한 가지는 '오늘만 50% 할인'과 같은 광고 문구에 잘 홀린다는 것입니다. 그러나 막상 물건을 사서 받아보면 만족한 경우는 거의 없지요. 반품은 불가능하므로 그냥 품고 있습니다. 이런 당일 거래 물건의 20%는 거의 사용하지 않는 것으로 나타났습니다.

10. 쓰지도 않으면서 '케이블방송+전화+인터넷' 결합 상품에 가입하는 것

⇒ 케이블방송사들은 '케이블방송+집전화+인터넷'에 채널이 500개까지 있다며 사람들을 유혹합니다. 소비자들은 500개에 달하는 채널에 혹해서 꼼꼼한 검토 없이 덜컥 계약부터 하는 경우가 많지요. 대부분의 사람들이 고정적으로 보는 채널은 고작 10개에 불과합니다. 한 달에 50달러면 될 것을 100달러씩이나 지불하는 것입니다.

📢 검약에 관한 명언

- 인간은 빌리는 사람과 빌려주는 사람 두 종류로 구분할 수 있다. 전자는 가난을 예약한 사람이고, 후자는 부자의 명부에 이름을 올리는 사람들이다. – 블루 문

- 많은 사람이 현재를 위해 일할 뿐 미래를 위해 일하는 경우는 별로 없다. 하지만 현명한 사람은 두 가지 모두를 위해 일한다. 즉 현재에 살면서 미래를 위해, 미래에 살면서 현재를 위해 일한다. – 진리에 대한 추측

- 모든 성공의 비결은 자신을 거절하는 방법을 아는 것이다. …… 자신을 다스리는 방법을 배울 수 있으면 최고의 스승으로 삼아도 좋다. 당신이 자신을 조절할 수 있다는 것을 내게 증명해 보라. 그러면 교육받은 사람이라고 말해 주겠다. 자신을 다스릴 줄 모르는 사람에게 다른 교육은 아무 소용도 없다. – 마거릿 윌슨 오필런트

- 가장 위대한 일은 자신을 다스리는 법을 배우는 일이다. – 괴테

- 자립과 자기 절제는 자기 샘물의 물을 마시고 직접 만든 고소한 빵을 먹으며 스스로 일하고 배워서 생계를 유지하고 책임 있게 돈을 모으고 소비하는 방법을 가르쳐줄 것이다. – 베이컨 경

- 부모는 자녀에게 장사하는 법을 가르쳐줄 것이 아니라 검약하는 법을 가르쳐줘라. – 브라만 경전

- 독자여, 주의하라. 당신의 영혼이 저열한 목표를 추구하며 극지 너머 공상의 비행을 하든 어둠의 땅벌레 되어 이 땅구멍을 파헤치든 배우고, 검약하고, 신중하게 자기를 절제하는 것은 지혜의 근본이다. – 번스

- 국가와 마찬가지로 가정이 부유해지는 원천은 절약이다. – 키케로

- 언제 지출하고 언제 아껴야 하며 언제 사야 하는지 아는 사람은 결코 굶주리지 않는다. 작다고 무시하는 사람은 그 작은 것에 의해 멸망한다. – 솔로몬의 잠언

- 빚진 아버지는 얼마나 끔찍할까! 그 거짓말, 그 초라함, 망가진 자존심과 근심, 그리고 그 표리부동함이란! 지급 기일에 대한 걱정으로 얼굴에는 굵은 주름이 새겨지며 그 심정은 마치 칼로 심장을 도려내는 것 같으리. – 더글러스 제럴드

복권 구매 방법
― 숫자선택형 복권

하수 "1, 2, 3, 4, 5, 6처럼 연속 번호가 당첨될 리 있겠어?"라고 생각하면서 자기 느낌에 당첨될 것 같은 숫자를 선택하는 사람

고수 "확률로 따져 본다면 어떤 숫자를 선택하더라도 전혀 다를 게 없어. 그렇다면 귀찮게 머리 쓸 필요 없이 '1, 2, 3, 4, 5, 6' 순서대로 써보자!"라고 생각하는 사람

　매우 간단한 논리이지 않나요?

　조작이 없는 순수한 복권은 확률 이론으로 설명할 수 있습니다. 물론 복권은 발행측이 무조건 이기게 되어 있어서 구매한 사람들만 손해 보는 상품이라서 이 질문이 어울리지 않을 수 있지요.

그래도 다시 본론으로 돌아가 보겠습니다. 예를 들어 45개의 숫자 가운데 6개의 숫자를 선택해 맞추는 '나눔로또 6/45'의 경우 '1, 2, 3, 4, 5, 6'처럼 연속된 번호로 숫자를 늘어놓으면 당첨이 안 될 것처럼 보이지 않나요? 반면에 '1, 7, 12, 21, 33, 34'처럼 숫자를 배열하면 '왠지 당첨될 것 같은' 기분이 들 것입니다.

'나눔로또 6/45'는 번호를 써넣은 구슬을 무작위로 늘어놓는 시스템으로 되어 있습니다. 그래서 어떤 순서로 숫자를 조합하든 당첨될 확률은 같아지는 것이지요. 달리 표현하면 당첨될 확률은 '1, 2, 3, 4, 5, 6'과 같이 숫자들이 연속된 번호로 나올 수 있는 확률만큼이나 매우 낮다는 것입니다. 이제 복권이 얼마나 당첨되기 어려운지 이것으로 이해가 되었지요?

결국, 좋은 번호를 고르기 위해 아무리 고민해도 소용이 없습니다. 적당히 숫자를 배열하는 것이 에너지 소모도 줄일 수 있고 더 효율적인 방법이지요. 이 복권은 계산해 보면 거의 8,145,060분의 1의 확률로 어떤 숫자 배열이 당첨됩니다. 따라서 8,145,060번 시도를 하면 한 번 당첨될 수 있지요. 시도해 보는 것은 말리지 않겠습니다. 그런데 시도를 한 만큼 들어가는 투자금액은 회수할 수 없다는 점은 미리 알아두세요.

도박에서 확실히 돈을 따는 쪽은 주최측뿐입니다. 주최측이 얼마나 벌 수 있는지는 도박 종류에 따라 달라지지요.

참고로 주최측이 도박 참가자들에게 환원하는 평균비율은 대략 다음과 같습니다.

복권: 47퍼센트(공제율 53퍼센트)

토토: 47퍼센트(공제율 53퍼센트)

경마: 75퍼센트(공제율 25퍼센트)

파친코: 90퍼센트(공제율 10퍼센트 전후). 기계에 따라 다름

마작: 100퍼센트(공제율 0퍼센트). 단, 자릿세는 제외

가벼운 유흥으로 즐기는 도박은 나쁘지 않습니다. 하지만 방심하는 사이 도박은 무서운 칼이 되어 돌아옵니다. 돈이 걸려 있기 때문이지요. 다시 말하지만, 도박에서 돈을 버는 것은 주최측뿐입니다. 따라서 도박을 '즐거운 유흥'으로 순수하게 즐기 기 위해서는 자신에게 '도박을 즐기는 가치'가 '돈으로 환산해서 어느 정도 되는지'를 제대로 생각해 보고 그 예산 범위 내에서 즐겨야 합니다. 이것이 바로 도박을 대하는 올바른 마음가짐입니다.

복권을 예로 들어 앞에서 열거한 환원 비율을 실제로 계산하여 도박이라고 하는 것이 참가자들로서는 얼마나 돈을 벌기 힘든 시스템인지

확인해 보겠습니다.

만약에 당신이 거액의 돈을 준비해서 하나의 유닛 전부를 구매한다고 가정했을 경우에 1등부터 꼴등, 그리고 각종 특별상을 포함해 전부 당첨될 수 있을 것입니다. 하지만 앞에서 기술한 대로 모든 종목에 당첨된다고 하더라도 그 상금 총액은 평균 47퍼센트밖에 되지 않습니다. 예를 들어 총 구매자금인 100억 원을 들여 모든 조합을 다 사들여 당첨금을 모두 받는다고 가정하더라도 47억 원 정도밖에 안 되는 것이지요.

즉 복권을 구매하는 매수가 늘어나면 늘어날수록 '당첨될 확률'은 높아집니다. 하지만 그것 이상으로 구매 대금이 늘어나게 되고 결국에는 확실히 53퍼센트의 손실(구매자금 대비 47퍼센트의 당첨금)이라고 하는 상황에 봉착하게 되는 것이지요.

주사위를 던지는 횟수가 늘어나면 늘어날수록 1부터 6까지 모든 면이 나올 확률이 일정 확률(6분의 1)에 가까워지는 것과 마찬가지로, 복권을 구매하는 매수가 많아지면 많아질수록 이론상의 기대치와 실제 당첨금의 액수가 근사치에 접근하게 됩니다. 이해가 되지요?

즉 이 말은 이론적으로는 복권은 사면 살수록 손해가 확정된다는 것입니다. 복권을 모두 사들이면서 "무슨 일이 있어도 반드시 10억 원에 당첨될 거야!"라고 전의를 불태우는 사람들은 결국 봉이 되고 만다는 것이지요.

꿈을 부정할 생각은 전혀 없습니다. 하지만 복권에 투자하는 금액의 53퍼센트는 여러분의 '꿈을 위한 비용'이라는 인식만큼은 가져야만 합니다. 이 사실을 이해한 다음에 복권을 즐기시기 바랍니다.

아, 그리고 운 좋게 돈을 벌게 된다면 구슬땀을 흘리며 일해서 번 돈과 같은 지갑에 넣어 놓고서 소중하게 사용하고 운용하세요. 복권에 당첨되어 거액의 당첨금을 받게 되면 돈에 대한 감각이 마비된 나머지 낭비벽이 생겨나고 결국에는 자금이 다 바닥이 났는데도 "또 당첨될 거야!"라는 낙관적인 생각을 하게 되는 경향이 있다고 합니다.

도박꾼 아저씨의 오류

사람들은 어떤 일이든 평균(균형)을 맞춘다는 운명의 힘을 믿습니다. 그러나 독립적으로 일어나는 사건들의 평균(균형)을 맞추는 초월적인 힘은 없지요.

예를 들어 로또에서 가장 드물게 선택했던 숫자를 조합한다거나, 일부러 띄엄띄엄 나열하는 등의 모든 수고는 아무런 소용이 없다는 것입니다. 추첨 기계 안에 있는 로또 공은 자신이 몇 번 선택되어야 다른 공과의 평균(균형)이 맞춰지는지 알지 못하기 때문이지요.

여러분이 동전을 가지고 누군가와 100만 원 내기를 한다고 가정해 봅시다. 한 개의 동전을 50번 던지는 데 50번 모두 앞면이 땅에 닿았습니다. 그다음 51번째에 그 동전을 던질 때 여러분은 앞면과 뒷면 중 어느 면에 걸겠습니까?

결과는 출현 횟수에 의존하지 않는다는 사실을 미루어 짐작해보면 답을 알겠지요? 대다수가 뒷면에 건다고 할 테지만, 모두 앞면이 나왔다고 해서 또 앞면이 나온다는 확률이 아예 없는 것도 아닙니다. 어쨌든 확률은 50 : 50이니까요. 즉 로또복권 숫자 6개를 무작위로 고른 것이나 심사숙고하여 고른 것이나 결과는 같다는 것입니다. 이것을 심리학에서는 '도박꾼의 오류(Gamblers Fallacy Law of Average)'라고 합니다.

하지만 세상의 모든 것이 전부 그렇진 않습니다. 정상적인 범위 내에서 일어나는 상황들은 대개 서로 의존해서 일어납니다. 과거-현재-미래가 독립적이지 않고 시간순으로 영향을 미친다는 얘기이지요. 예를 들어 날씨나 인간의 몸처럼 복잡하고 촘촘히 짜여 있는 구조의 것들은 균형을 맞추려는 성향이 있는 것처럼 말입니다.

결론적으로 우리는 눈앞에 독립적인 사건이 벌어지고 있는지, 아니면 독립적이지 않은 사건이 벌어지고 있는지를 자세히 파악해야 현명한 선택을 할 수 있습니다. 독립적인 사건들은 카지노나 로또, 대부분의 도박 등에 반드시 존재합니다.

다시 복권으로 돌아와서 얘기해 보겠습니다. 복권이란 저소득층으로부터 뜯어낸 보이지 않는 엄청난 세금입니다. 1백만분의 1의 확률은 평생 죽을 때까지 경험하지 못할 확률이지요. 실제는 가난한 이들에게 희망을 주는 것 같지만 '혹시나'를 '역시나'로 확인시키는 것이 복권입니다. 즉 발행측(국가 및 기관)만 100% 남는 장사를 하는 것입니다.

그러나 요즘은 복권 당첨금을 통해 사회복지 활동도 하고 있으니 복권 구매와 기부를 동시에 한다는 생각으로 스스로 위안하는 것이 마음 편할 듯싶습니다. 물론 번호를 선택할 때는 '도박꾼의 오류'를 범하지 않아야겠습니다.

잃은 돈,
번 돈

하수 "오늘은 경마로 돈을 벌었으니까 소고기를 구워 먹자!"라고 말하는 남편과 그 말에 그저 좋아하다가 먼저 산 고기보다 더 싼 고기를 보고는 1천 원이나 손해를 봤다고 투덜대는 아내

고수 경마를 해서 번 배당금도 열심히 일해서 번 돈도 유용하게 쓰고 남은 돈을 효율적으로 불릴 방법을 찾는 사람

　노동 없이 도박이나 복권 등으로 번 돈을 흔히 '공돈'이라고들 이야기합니다. 도박이나 복권을 통하면 성실하게 일해서 버는 돈과 비교해서 운만 좋으면 단기간에 엄청난 돈을 벌 수 있습니다. 이렇게 돈이라고 하는 것은 참으로 재미있습니다. 일단 돈의 모습을 갖추면 그것이 건설

현장에서 막노동으로 일급을 받아 어렵게 모은 돈이든 세 시간 동안 파친코를 해서 번 돈이든 똑같은 돈입니다. 도박으로 번 10만 원이나 노동으로 번 10만 원이나 모두 같은 10만 원이지요. 액수의 차이점은 전혀 없습니다. 그런데 신기하게도 도박으로 번 돈은 공짜로 생긴 돈이라는 생각에 마구 써버리는 경향이 있습니다. 그래서 실제로 순식간에 주머니에서 없어져 버리고 말지요.

천천히 생각해 보면 아이러니한 일입니다. 왜냐하면, 도박으로 번 돈이라고 해서 돈의 가치가 낮아지는 것은 아니니까요. 요컨대 요행으로 번 돈을 '공돈'이라고 생각해 아무런 생각 없이 마구 써버릴 것인가? 아니면 '소중한 돈'으로 만들 것인가? 하는 것은 그 돈을 번 수단보다는 그 돈을 가치 있게 쓰느냐에 달려 있습니다.

'하수'는 "경마로 번 공돈이니까!"라며 번 돈에 스스로 가치 없는 돈이라는 꼬리표를 달아 특별히 필요도 없는 물건을 구매하거나 고급술집을 전전하면서 순식간에 다 써버리고 맙니다. 그리고 나서 없어진 돈에 대해 "공돈이니까 없어지더라도 별 것 아니다!"라고 치부해 버리고 말지요. 이러한 심리가 '공돈'이라는 돈의 가치를 한없이 낮춥니다.

다만 한 번 쓰고 사라진 돈에 대해서 오랫동안 미련을 못 버리고 계속 생각하는 것도 문제가 있습니다.

구매한 차가 비교적 고장이 잦은 편이라고 가정해 보겠습니다. 그래서 자주 수리를 맡겨야 하지요. 이런 경우라면 여러분은 이렇게 생각할 것입니다.

"어차피 수리비를 많이 지급했으니까 조금이라도 더 타서 본전이라도 찾자!"

그런데 이 생각은 어딘가 조금 어색합니다. 차를 구매한 대금과 수리비는 실제 '이미 주머니에서 나가버리고 지금은 없는 돈'입니다. 절대 돌아오지 않는 돈이지요. 그렇다면 여기서 생각해야만 하는 것은 오히려 '미래의 현금수지'입니다. 즉 그 고장이 잦은 차를 계속해서 타는 것과 고장이 없는 새 차로 바꾸는 것 가운데 어느 쪽이 비용 면에서 이익일까 하는 점입니다.

앞으로도 수리비가 계속해서 더 늘어날 것 같다면 지금까지 수리비로 얼마나 많은 돈이 들어갔든 상관없이 이른 시일 내에 새 차로 교환하는 것이 더 합리적일 것입니다. 그리고 앞에서 언급한 도박과 공돈에 관한 이야기인데 잔소리 같지만 한 말씀 더 드리겠습니다.

지금까지 이야기를 이해하는 '고수'라면 자기 능력에 따라 이길 수 있는 마작 같은 것을 제외하고, 국가의 주머니만 두둑하게 해 줄 뿐인 공영도박이나 복권에는 절대로 손을 대지 않을 것입니다.

톱니바퀴에 비례하여 소비가 줄지 않는 이유는?

 B 씨의 사례

힘든 가계 형편을 이어가던 40대 가장 B 씨. 지푸라기라도 잡는 심정으로 시작한 장사에 성공한 그는, 연간 억대 순수입으로 가난에서 벗어난다. 이후 가정의 소비 습관은 180도로 달라졌다. 강남에 있는 최고급 레스토랑에 가서 외식 후 팁을 남발하며, 3,000cc 이상의 외제차를 몰고, 1년에 적어도 두 번은 해외여행을 다녀오는 것은 물론, 온몸을 명품으로 치장하는 등 예전에는 누리지 못했던 설움을 잊으려는 듯 호화로운 생활을 한다. 부인과 아이들도 풍족한 삶에 서서히 길든다.

세월이 흘러 사업을 정리하게 된 B 씨. 연소득이 3,000만 원으로 대폭 줄었지만, 가계 수준에 맞춰 생활하기는커녕 그의 가족은 과거 풍족했던 시절의 소비 성향을 쉽게 버리지 못한다.

자신의 소득이 높았을 때 들였던 소비 습관을 소득이 줄어들고 나서도 쉽게 고치지 못한 경험, 여러분도 있나요? 비싸고 맛있는 것만 먹다 보면 입이 고급화되듯 한 번 올라간 소비 수준이 쉽게 후퇴하지 않는 현상을 일컬어 경제학에서는 '톱니 효과(Ratchet Effect)'라고 합니다. 듀젠

베리(Duesenberry, 1918~2009)의 경제학설입니다. 톱니바퀴가 한쪽으로만 회전하고 반대쪽으로 돌지 못하는 것처럼 한 번 늘어난 소비는 줄이기 힘들다는 것을 의미하지요. 특히 단기적인 소비는 습관 효과도 크고 되돌리기도 힘든데, 현재가 아닌 과거에 받았던 최고 수준의 소득인 상대적 소득에 의해 결정되곤 합니다.

'톱니'라는 단어가 붙은 또 다른 이유는 경기후퇴로 소득이 줄어든다 하더라도 소비가 같은 속도로 줄어들지 않기 때문에 소비가 경기후퇴를 억제하는 일종의 톱니작용을 하게 된다는 데서 유래되었습니다.

전문가들은 '톱니 효과'의 원인으로, 더 좋은 재화를 소비하고자 하는 욕구를 꼽기도 합니다. 자기만족을 중시하는 가치 지향적 소비 행태가 두드러지면서 소득이 줄어든다 하더라도 상품에 대한 지출을 제일 마지막에 줄이려는 사람의 심리적 요인이 작용하기 때문입니다.

'톱니 효과'와 관련된 사례는 우리 일상생활에서도 쉽게 찾을 수 있습니다. 주가에 영향을 미치기도 하며, 경기불황 속에 값비싼 프리미엄 제품이 불티나듯 팔린다거나 소비자들이 점점 더 큰 TV와 최신 스마트폰을 찾는 이치 역시 같습니다. 이런 역설적인 상황들이 '톱니 효과'의 대표적인 사례이지요.

달리보면 '톱니 효과'는 경기후퇴에도 어느 정도의 적당한 소비가 이루어져 전체 사회적인 측면에서 긍정적 영향을 미치기도 합니다. 하지만 개인적인 측면에서 생각해 보면 경제를 윤택하게 해주는 것과는 별개의 부정적인 면이 존재하지요. 자신의 능력과 형편을 넘어선 무계획적이고 무분별한 소비는 결국 상황을 더욱 악화시키고 말 것입니다. 따라서 수입과 소비가 서로 균형을 이룰 수 있도록 적정선을 유지하는 현명한 소비가 이루어져야겠습니다.

LESSON 24

경마와 주식 투자의 차이

하수 "정말 좋은 회사를 발견했어. 아무한테도 말하지 않고 몰래 투자해서 나 혼자 벌어야지!"라고 생각하는 사람

고수 "이 말은 잘 달릴 것 같아. 아무한테도 말하지 않고 나 혼자 벌어야지!"라고 생각하는 사람

경마와 주식 투자. 이 둘의 차이는 무엇일까요?

경마는 승리할 말을 선택하는 사람이 적으면 적을수록 배당이 높아집니다. 그러니까 인기 없는 말은 혼자서 선택하였는데 믿을 수 없는 확률로 그 말이 승리하면 엄청나게 큰 배당을 얻는 것이지요. 따라서 가능성이 있는 말을 발견했을 경우에는 남몰래 마권을 사는 것이 돈을

벌 확률이 높아집니다. 물론 그 말이 입상했을 때의 이야기이지요.

한편 주식 투자는 경마와 완전히 반대입니다. 주식시장에 참가한 사람 모두가 사주지 않으면 주가는 절대 오르지 않지요. 따라서 유망한 회사를 발견하면 혼자서 몰래 주식을 매수할 것이 아니라 계속해서 그 회사의 좋은 점을 열심히 알리면 여러분이 돈을 벌 가능성은 높아질 것입니다.

다만 이런 광고가 윤리적으로 적합한 경우는 그 회사의 주가가 가치와 비교해 낮은 편일 때로 한정됩니다. 아무런 가치도 없는 회사를 마치 좋은 회사인 것처럼 알려 주가 상승을 노리는 것은 실질적인 '주가 조작'이기 때문에 절대 해서는 안 되는 것이지요.

어쨌든 중요한 것은 도박이든 투자든 소비든 돈의 흐름, 즉 돈의 메커니즘에 대해 제대로 이해해야 한다는 것입니다. 만에 하나 돈의 흐름이 이해되지 않는다면 이해가 될 때까지 손을 대지 말 것을 당부합니다.

너무 무서운 경고 같나요? 복잡해 보이는 경제 구조라도 본질적인 부분을 살펴보면 어렵지 않고 단순합니다. 경제라고 하는 것도 사람의 마음이 반영되어 있고 문제의 해답은 이미 여러분의 '마음' 속에 존재하고 있으니까요.

증권사 추천 종목은 왜 수익을 내지 못하는 것일까?

증권사 추천 종목 45%가 마이너스 수익률
[23개 증권사의 '2013 투자 유망 종목' 160개 분석]

코스피 상승률 2.4%보다 못한 성적 낸 종목 80개 달해… 증권사 6곳은 수익률 마이너스

연말이 되면 증권사들은 저마다 내년 증시를 전망하느라 분주하다. 각 증권사 간판 애널리스트들이 코스피 예상 범위와 함께 내년 한 해 동안 가장 유망할 것으로 자신하는 추천 종목을 발표한다. 증권사 '강추' 종목들의 실제 성적표는 어땠을까.

본지가 지난해 말 국내 23개 증권사가 투자 유망하다고 적극 추천한 160개 종목의 수익률을 분석한 결과, 둘 중 하나는 주가가 오히려 떨어진 것으로 분석됐다.

연초 5개 이상 증권사가 공통으로 추천한 종목 수익률 그래프 증권사별 성적표를 보면 23개 증권사 가운데 6곳이 마이너스 수익률을 기록했다. 반면 남들이 주목하지 않은 가치주를 발굴한 중소형 증권사들이 좋은 성적을 올렸다.

정말로 증권사 추천 종목은 수익을 내지 못할까요?

Lesson 24에서 "유망한 회사를 발견하면 혼자서 몰래 주식을 매수할 것이 아니라 계속해서 그 회사의 좋은 점을 열심히 알리면 여러분이 돈을 벌 가능성은 높아질 것입니다."라고 살펴보았습니다.

즉 우리의 증권사들이 자기들의 보유종목을 기사의 전략대로 이용한 것이 아닐까요? 물론 아니길 바랍니다. 그렇다면 증권사들의 예측 능력은 형편없는 것이 되네요.

그래서 현명한 투자방법은 증권사 및 유명 애널리스트의 추천종목을 단지 참고만 하고 자신만의 분석기법으로 분석 후 투자하는 것입니다. 아직 자신이 없다면 저금리이긴 하지만 은행 정기예금도 나쁘지 않습니다.

나는 주식시장에서 돈을 벌려고 애쓰지 않는다.
주식시장이 바로 다음날 문을 닫고
5년 동안 문을 열지 않을지도 모른다는 가정하에 주식을 산다.

– 워런 버핏

제4장

주식 투자의
함정

돈의 가치는 시간과 함께 변합니다. 따라서
시간과 리스크를 염두에 두지 않으면 돈의
가치를 산출할 수 없지요. 그런데 뜻밖에 많
은 사람이 돈이 나가고 들어오는 시간의 경
과를 무시하고 들어오는 시점과 나가는 시점
의 절대적인 숫자만을 단순 비교하여 계산하
려고만 합니다. 이 점을 알고 모름이 돈에 관
한 소양이 있는 사람(고수)과 소양이 없는 사
람(하수)의 커다란 차이점입니다.

LESSON 25

인기 금융 상품의
비밀

하수 "요즘 들어 이 금융 상품에 관해 이야기를 많이 하네. 나도 사 볼까?"
라고 잠깐의 인기만 보고 매수하는 사람

고수 "자, 보세요. 요즘 들어 이 상품에 대해 주변에서 이야기를 많이 하지
요? 수익이 높으니까 인기가 있는 것 아니겠어요?"라면서 능숙하게
고객에게 세일즈를 하는 사람

　인기 있는 금융 상품이 우리에게 알려졌을 때는 이미 전문가들 사이
에서 입소문을 탄 뒤라 단물을 빨아 먹고 남은 껍데기 상태입니다. 그
렇다고 해서 전부 손해를 본다는 이야기도 아니지만 높은 수익을 기대
할 수 있는 상품이 많이 없다고 할 수 있습니다.

어떤 금융 상품이 만들어 내는 미래의 현금수지가 일정하다고 가정해 보겠습니다. 예를 들어 국채를 비롯한 채권은 지급되는 금리와 만기까지 몇 년이 걸리는 지가 미리 정해져 있으므로 시장에서 그것이 어느 가격에 거래되든지 상관없이 그 채권이 만들어 내는 현금수지는 일정하게 되는 것이지요.

부동산 투자신탁(REIT; Real Estate Investment Trust)도 마찬가지입니다. 투자신탁 그 자체의 증권가격에 변동이 생겨도 투자를 한 부동산이 만들어내는 임대수입 같은 현금수지는 경제 상황에 커다란 변화가 없는 한 기본적으로는 변하지 않습니다.

이렇게 미래의 현금수지가 일정한 특징을 갖고 있는 금융 상품에 투자를 해서 많은 이윤을 벌기 위한 유일한 최대 조건은 바로 '가능한 한 가장 싼 가격에 투자하는 것' 입니다. 이 외에는 달리 방법이 없습니다. 도중에 받게 되는 현금에 차이가 발생하지 않아서 쌀 때 사는 사람이 결국 돈을 벌게 되는 것이지요.

따라서 금융 전문가가 이런 종류의 금융 상품을 사는 것은 별다른 이유 없이 시장이 외면하면서 싼값에 방치되고 있을 때뿐입니다. 가격이 싼 동안에 몰래 투자를 해놓는 것이지요. 자기들이 구매하는 시점에 "자, 여러분. 이 금융 상품은 진짜 좋은 상품입니다!"라는 광고로 스스로 가격을 끌어올리는 어리석은 행동은 절대 하지 않습니다.

하지만 그렇다고 하더라도 단지 싼 가격에 투자한 것만 갖고서는 얻을 수 있는 수입이라고는 투자대상이 만들어 내는 현금수지 외에는 없습니다. 그래서 금융 전문가는 자기가 몰래 산 다음에 아마추어를 상대로 대대적인 광고를 한 뒤 가격을 끌어올립니다. 여러분이 접하는 금융 상품 광고 대부분은 바로 이 시점에서 이루어지는 경우가 아주 많습니다. 그런데 어떤 금융 상품의 미래 현금수지가 앞에서 기술한 것처럼 일정하다고 한다면 가격이 상승하면 할수록 그 금융 상품의 금리는 떨어지게 됩니다. 어렵다고요? 그럼 다시 설명해 드리겠습니다.

1년 뒤에 1천만 원을 받을 수 있는 권리를 지금 현재 8백만 원에 구매 가능한 금융 상품이 있다고 가정해 보겠습니다. 이 경우에 이 금융 상품의 1년간 예정 금리는 25퍼센트입니다(1천만 원 ÷ 8백만 원 − 1 = 0.25).

은행 예금 금리가 제로에 가까워지고 있는 요즈음 시대에 연이율 25퍼센트 금리라면 정말 매력적인 상품이지요. 이 사실을 알면 "이 상품을 구매해야지!"라면서 많은 사람이 구매하려고 몰려들게 될 것입니다.

그런데 이렇게 되면 당연히 이 금융 상품의 가격은 상승합니다. 그래서 너도나도 '사자 주문'이 쇄도하여 가격이 한 달 사이에 1백만 원이 상승하여 9백만 원이 되었다고 한다면 1년간 예정 금리는 순식간에 11퍼센트로 떨어지고 맙니다(1천만 원 ÷ 9백만 원 − 1 = 0.11).

자, 이때 금융 전문가는 과연 어떤 움직임을 보일까요?

싼 가격에 투자한 전문가는 가능한 한 짧은 기간 안에 수익을 올리기 위해서 가격이 상승한 순간 그 금융 상품을 매각하여 매매차익을 얻으려고 할 것입니다.

만약 8백만 원에 구매한 금융 상품의 가격이 1개월 만에 9백만 원으로 상승한 순간에 판다면 매매차익은 1백만 원이지만 이것을 이율로 환산해 보면 8백만 원이 9백만 원이 되는 1개월간의 이율은 12.5퍼센트 (9백만 원 ÷ 8백만 원 − 1 = 0.125)가 됩니다. 이것을 다시 연이율로 환산하면 무려 311퍼센트($(1 + 0.125)^{12} − 1 = 3.11$)라고 하는 최고금리의 실적을 올릴 수 있게 되는 것이지요.

물론 이 계산은 매달 같은 수준의 이자를 얻을 수 있을 때 해당합니다. 이 금융 상품을 만기까지 계속 유지할 경우의 이자보다도 훨씬 더 효과적으로 수익을 낼 수 있습니다.

이것이 바로 전문가의 기술이지요. 다만 가격이 상승한 시점에 상품을 매각하기 위해서는 당연한 이야기이지만 상승한 가격에도 불구하고 구매하는 사람이 있어야 합니다. 그래서 전문가는 이 시점에 일반 투자자를 향해 "이 금융 상품은 이렇게나 많은 이익을 볼 수 있습니다! 자, 여러분 서둘러 구매하세요!"라고 대대적으로 홍보하면서 이미 이득을 본 뒤 단물 빠진 껍데기를 팔아치우지요.

이제 아셨나요? 경제지에 실린 기사나 신문광고에서 대대적으로 소개되고 있는 금융 상품은 이미 판매자인 금융 전문가가 정말로 맛있는 부분은 다 먹어치우고 남은 '자투리(껍데기)'라는 점 또는 그들의 이익을 위해 단물을 빨아먹으려고 팔아치운다는 점을 말이지요.

그렇다고 해서 "남들이 알기 전에(가격이 쌀 동안에) 구매하면 될 것이 아닌가!"라고 섣불리 생각하면 안 됩니다. 이 경우에 '정말로 돈을 벌 수 있을 것인가?'라고 하는 리스크가 존재하거든요. 리턴이 크다는 의미는 리스크도 높다는 의미입니다.

결론은 경제적 가치(예를 들면 돈)는 경제적 지식이 없는 자로부터 있는 자에게로 알아차리지 못하는 사이에 옮겨간다는 것입니다.

그야말로 '지식이 곧 돈'인 것이지요.

인기 금융 상품의 어두운 진실

다음은 인기 금융 상품의 어두운 진실에 대한 신문기사입니다.

ELS 주식 고의 매도…대법원 "□□증권, 손실 배상하라"

"투자자 이익이 우선돼야" 증권사 배상책임 첫 판결

□□증권은 2005년 삼성SDI의 주가를 4거월마다 평가해 가격에 따라 상환금액이 결정되는 ELS를 발행했다. 중간 평가일에 삼성SDI의 평가가격이 기준보다 높거나 같은 등의 조건이 충족되면 정해진 수익금을 중도상환금으로 투자자에게 주는 형태로 설계된 상품이다.

윤 씨 등은 이 상품에 2억1900만원을 투자했으나 □□증권이 중간 평가일이 임박해 해당 주식을 대량 매도하는 바람에 중도상환금을 받지 못했다. □□증권이 이 사건 중간평가일 단일가매마 시간대에 삼성SDI 보통주에 넣은 매도 주문 수량은 전체의 약 79%에 달했다. 윤 씨 등은 만기상환 당시 30% 상당의 원금 손실이 생기자 "□□증권이 조건 충족을 피하기 위해 주식을 고의로 대량 매도해 투자자에게 손실을 입혔다"며 소송을 냈다.

주가연계증권(ELS)을 판매한 증권사가 중도상환 조건을 충족해 투자자에게 수익금을 지급할 가능성이 높은 상황에서 기초자산 주식을 대량 매도해 이를 무산시켰다면 투자자가 입은 손해를 물어줘야 한다는 대법원 판결이 나왔다. 대법원이 증권사와 투자자의 이해가 충돌할 때 투자자의 이익을 우선해야 할 의무가 증권사에 있다고 판결한 것은 이번이 처음이다.

재판부는 "증권사는 투자자와의 사이에서 이해상충이 불가피한 경우에는 투자자가 공정한 대우를 받을 수 있도록 적절한 조치를 취함으로써 투자자의 이익을 보호해야 한다"고 판시했다.

대법원 3부(주심 민일영 대법관)는 투자자 윤모 씨 등 세 명이 □□증권을 상대로 낸 상환금 소송에서 원고 패소로 판결한 원심을 깨고 원고 승소 취지로 사건을 서울고등법원으로 돌려보냈다고 28일 발표했다. 대법원은 "원심의 판단은 위험회피거래에서의 신의칙상 주의의무 등에 관한 법리를 오해했다"고 지적했다.

이어 "□□증권이 삼성SDI 보통주를 매도하는 것은 기본적으로 위험회피라는 자신의 이익을 위해 행하는 것이므로 이 과정에서 투자자의 신뢰나 이익이 부당하게 침해돼서는 안 된다"며 "대량 매도 주문을 내 조건 성취를 무산시킨 것은 투자자 보호 의무를 게을리한 것으로 신의성실에 반한다"고 지적했다.

대법원 관계자는 "ELS 상환기준일에 기초자산의 종가에 영향을 주는 것은 허용될 수 없다는 취지"라고 말했다.

한국경제신문 2015년 5월 29일

물론 모든 인기 있는 금융 상품이 모두 이 경우에 해당되지는 않겠지요. 반대로 100% 이런 사례의 위험에 노출이 안 된다고도 말 할 수 없습니다. 즉 하나 또는 둘 이상의 개별 금융 상품을 갖고(조작이 쉬운) 결합해서 운용하는 파생 상품은 이런 위험에 노출될 수 있습니다.

그러므로 KOSPI지수, 나스닥지수, 항생지수 등 인위적 조작이 불가한(조작하려고해도 엄청난 자금이 필요함) 항목들을 매개로 한 파생 금융 상품이 더 안전하다는 생각이 듭니다. 가장 중요한 것은 역시 금융소비자가 정확하게 상품의 리스크를 알고 스스로 판단하는 길밖에 없습니다.

LESSON 26

신용평가는
믿을 수 없다!

하수 "이 금융 상품의 신용등급이 트리플 A(AAA)군. 얼른 투자해야지!"
라면서 신용평가를 의뢰한 기관을 고려하지 않는 사람

고수 "금융 상품의 신용평가를 의뢰한 기관이 어디인지 알아보자!"라고
생각하는 사람

기업을 대상으로 회계감사를 하는 회계법인의 주된 수입원이 무엇인
지 알고 있나요? 바로 감사 대상 기업으로부터 받는 감사에 대한 보수
입니다. 회계감사를 필요로 하고 있는 투자자들이 감사에 대한 보수를
지급하는 것이 아닙니다. 자본시장의 투명성이 비즈니스의 기반이 되는
증권거래소에서 지급해 주는 것도 아니고요. 아이러니하게도 '감사를 받

고 싶어 하지 않는' 쪽이 감사에 대한 보수를 직접 지급하고 있습니다.

어느 나라에서는 TV 시청률 측정과 발표를 사실상 독점하고 있는 비디오리서치 사의 최대 주주 리스트를 살펴보면 주요 민영방송사와 대형 광고대리점이 대부분을 차지하고 있다고 합니다. 시청률을 필요로 하는 광고주가 시청률을 측정하고 있는 게 아니라 시청률이 높은 점이 자신의 수익과 연결되는 기업이 시청률을 측정하고 발표하고 있는 것이지요. 이처럼 오로지 데이터를 분석하고 발표하는 측의 '도덕성'만이 데이터의 신빙성을 보장하는 구조는 매우 많습니다.

최근 사례로는 '신용평가기관'을 들 수 있습니다. 신용등급을 분석하여 발표하는 스탠더드 앤드 푸어스(Standard & Poor's), 무디스(Moody's Corporation)와 같은 신용평가기관의 수입은 마찬가지로 신용등급을 '평가받는' 기업이 제공합니다. 이러한 구조인데도 기관투자자들은 지금까지 그들이 공표하는 AAA(트리플 A)와 같은 등급만을 담보로 투자를 해 왔던 것입니다. 그리고 그 결과는 이미 알고 있는 바와 같습니다. 이것이 바로 금융위기를 초래한 '엄청난 원인'이라는 점은 의심의 여지가 없지요.

만약 여러분이 어떤 의사결정을 하는 데 있어서 제삼자의 의견이 필요하다면 '이해관계가 일치하는 제삼자'에게 부탁해야만 할 것입니다.

가령 머리카락을 잘라야 수익이 생기는 미용실에 가서 "머리카락을 지금 자르는 게 좋을까요?"라는 어리석은 질문은 하지 않아야겠습니다.

우리는 왜 채소 가게 주인에게 채소가 신선한지 물을까?

'답정너'라는 신조어를 아시나요? '답은 정해져 있으니 너는 대답만 하면 된다'라는 의미를 가진 줄임말인데요. 무슨 답이 나올지 충분히 예상 가능한 뻔하고 의미 없는 질문들, 여러분도 하고 있지 않나요?

예를 들어 채소 가게에 가서 "이 채소 신선해요?"라고 묻는다면 주인에게서 과연 어떤 대답이 돌아올까요. "아니요, 오늘 들어온 채소는 별로 추천해 드리고 싶지 않네요. 다른 가게에서 사는 편이 훨씬 나을 것입니다."라는 대답이 나오길 바랐던 건 아니겠지요? 답은 이미 정해져 있습니다. "그럼요! 근래 들어왔던 것 중 가장 좋은 신선도를 자랑합니다!"

이런 질문은 금융기관 PB에게 이 상품 수익률이 많이 나오는지, 보험회사 세일즈맨에게 모든 위험 보장을 받을 수 있는지 질문하는 것과 같은 예입니다.

당연히 판매자 입장에서는 유리하고 긍정적인 답변을 해 줄 수밖에 없지요. 물론 양심적이고 솔직한 사람도 있습니다. 그렇다 해도 믿는 도끼에 발등 찍힌다는 말처럼 이익을 위해 능청스럽게 거짓을 말하는 사람에게 속아 넘어가는 경우는 많습니다. 이런 심리는 자신에게 유리하게 상황을 이끌어 가려는 인간의 본성과도 연결되어 있으니까요.

이때는 제삼자에게 물어보는 편이 적어도 손해를 안 보는 길입니다. 장 보러 나온 이웃에게 슬쩍 정보를 얻거나 누리꾼이 남긴 다양한 후기를 종합해 보는 방법이 있습니다. 게다가 요즘은 후기나 정보에 관한 커뮤니티가 많아 쉽게 비교할 수 있습니다.

이렇듯 이해관계가 없는 사람에게 묻고 판단하는 것도 좋지만, 마지막에는 꼭 스스로 반문하고 판단하는 시간을 가지는 것이 가장 중요합니다. 이 시간이 없다면 휩쓸릴 수 있으니까요. 이 '5 Why'는 어떤 문제에 직면하면 해당 문제에 대한 근본적 이유를 찾으려 노력하는 것입니다. 그래서 일본의 도요타자동차는 한 문제에 대해 적어도 다섯 번 고민하는 '5 Why' 정책을 시행합니다.

정상적으로 작동하던 생산 공장에서 기계들이 갑자기 작동을 멈췄다고 가정해 보겠습니다. 관리자가 기계가 멈춘 원인을 찾아보니 공장에서 사용하는 주 전원에 과부하가 걸려 전원 퓨즈가 끊어졌기 때문이었지요. 그런데 여기서 문제에 대한 근본 해결책을 찾으려고 노력하지 않으면 관리자는 전원 퓨즈만 교체하면 문제가 해결된 것으로 생각하기 쉽습니다.

하지만 전원 퓨즈 문제에서 두 번째 'Why?'라는 질문으로 전원 과부하가 발생하는 이유가 무엇인지 찾아볼 수도 있지요. 그 원인을 뻑뻑해진 베어링이라고 확신하고 교체하는 것으로 마칠 수도 있었습니다.

이때, 세 번째 'Why?'라는 질문으로 베어링이 뻑뻑해진 이유가 다름 아니라 베어링에 윤활유를 공급하는 윤활유 펌프가 제대로 작동하지 않았기 때문이라는 사실을 추가로 확인할 수 있었습니다.

네 번째, 다섯 번째 질문을 통해 더욱 근본적인 문제를 파악하고 해결책을 찾을 수 있었습니다.

그러니까 모든 일을 확실히 하기 위해서 다섯 번 묻는 것은 멋진 생각이지요. 소비자에게도 질문을 던지면서 자신이 이 상품을 사야만 하는 원초적 이유를 찾아낼 수 있어야만 후회 없는 합리적인 소비가 가능하지 않을까요?

5 Why 활용사례

문제점　육안 검사 시 간과한 점이 있다

Why 1　왜 간과하였는가? ➡ 제대로 보지 못하는 때가 있다

Why 2　왜 제대로 못 보는가? ➡ 잘 안 보일 때가 있다

Why 3　왜 잘 안 보이는가? ➡ 조명이 어둡다

Why 4　왜 조명이 어두운가? ➡ 조명 위치가 안 좋다

Why 5　왜 조명 위치가 안 좋은가? ➡ 작업장소에서의 조명위치에 기준이 없다

해결책　작업장소에서의 조명 위치, 밝기의 기준을 정하고 표준화한다

펀드는 주식보다
믿을 수 있을까?

하수 소액의 자금으로도 투자할 수 있고 분산 투자의 효과를 볼 수 있다는
점을 믿고서 펀드를 구매하는 사람

고수 펀드의 실적을 알고 있어서 절대로 구매하지 않고 스스로 좋은 기업
을 직접 찾아내 집중적으로 투자하는 사람

통계상 평균 주가지수 이상의 수익률 실적을 장기간에 걸쳐 유지하
는 펀드는 거의 없습니다. 단기적으로는 주가지수 이상의 수익률 실적
을 낸다고 하더라도 수년간의 평균을 산출하면 주가지수와 거의 같거
나 그보다 낮은 경우가 대부분이지요.

상황이 이러한데도 투자신탁회사가 펀드를 하는 것은 총 운용자산에 대해 일정 비율로 받는 '수수료'라는 수익이 있기 때문입니다. 펀드에서 이익이 나든 손실이 나든 상관없이 운용하는 총자산에 대해 몇 퍼센트의 수수료를 받고 있는데 이것이 바로 펀드 운영자의 수입이 되지요. 게다가 운용을 한 결과 이익이 났을 경우에는 이익의 정도에 따라 수수료와는 별도로 성공보수를 받으므로 그 펀드를 운용하는 사람의 수입은 더욱더 많아집니다.

오늘날 주식거래에서는 인터넷과 모바일기기의 보급으로 정보 습득이나 거래비용이 전문가와 개인의 차이가 거의 없어진 상태입니다. 그 결과 펀드의 시장가치는 계속해서 떨어지고 있고요.

그런데도 잘 모른다는 이유만으로 전문가에게 맡기고 있다면 상장지수펀드(ETF; Exchange Traded Fund)[1]의 지수연동형 펀드에 투자할 것을 추천합니다. ETF는 코스피 같은 각종 주가지수와 연동하는 것을 목적으로 운용되고 있으며, 복수의 기업 주식어 한꺼번에 투자할 수 있는 펀드입니다.

인덱스펀드[2]에 대한 투자는 펀드의 한 가지 형태이지만 기관투자자가 매번 그때마다 투자처를 바꾸는 — 이런 펀드를 '액티브펀드'라고 합

---

1 상장지수펀드(**ETF**): 주식처럼 거래가 가능하고, 특정 주가지수의 움직임에 따라 수익률이 결정되는 펀드이다. 인덱스펀드를 거래소에 상장시켜 투자자들이 주식처럼 편리하게 거래할 수 있도록 만든 상품이다.

2 인덱스펀드: 선정된 목표지수와 같은 수익을 올릴 수 있도록 하는 펀드이다.

니다 — 일을 하지 않기 때문에 그만큼 수수료가 저렴하게 책정되어 있습니다.

다만 벤처기업처럼 일반인들에게는 거의 투자할 기회가 없는 미공개 기업의 주식(Private Equity, 사모펀드)에 투자하는 경우라면 이야기가 달라집니다.

일반인은 고급 정보를 얻기가 매우 어렵고 정보를 입수했다고 하더라도 상장주식과는 달라 손쉽게 투자할 수 없기 때문입니다.

이럴 경우에 벤처캐피털과 같은 펀드에 대한 투자는 그 리스크를 충분히 숙지하고 있다면 합리적인 투자라 할 수 있습니다.

천재 원숭이의 주식 투자

원숭이와 사람, 누가 더 주식 투자를 잘할까요?

프린스턴대학의 버튼 멜키엘 교수는 그의 저서 〈A Random Walk Down Wallstreet〉에서 원숭이가 눈을 가린 채 고른 대로 포트폴리오를 만드는 것이 전문가들이 고심하여 구성한 포트폴리오보다 낫다고 저술하였습니다. 과연 정말 그럴까요?

월스트리트지에서 이에 관한 실험을 해보았습니다. 원숭이 역할을 맡은 사람이 눈을 가리고 다트를 던져서 고른 대로 포트폴리오를 만들고, 전문가들은 나름의 전략을 세워 포트폴리오를 만들어 주식 투자를 하였습니다. 1988년부터 2002년까지 계속 이 게임을 지속해 본 결과는 어떠했을까요?

놀랍게도 원숭이가 더 우세한 것으로 나타났습니다. 이는 가격은 이용 가능한 정보를 충분히 즉각적으로 반영하여 운영되고 있으므로 누구도 더 많은 정보를 가진 채로 초과 수익을 얻을 수 없다는 효율적 시장가설을 근거로 한 제한적 이론입니다. 하지만 유명펀드나 애널리스트의 분석만 맹신하면 호구 고객이 될 수 있다는 교훈이 숨어 있습니다.

어쩌면 인기 주식 종목은 우리 실생활에서 답을 찾을 수 있을 것입니다. 실생활 속에서 종목을 발굴하는 것은 제도권 전문가들만의 노하우는 아닙니다.

명동 중심거리에 가보면 중국인이 한국인보다 더 많다는 생각이 들정도로 한국을 찾는 중국 관광객이 매년 증가하고 있습니다. 그리고 명동 중심거리에 화장품 가게가 일렬로 길게 늘어서 있습니다. 한류열풍으로 한국인의 아름다움에 중국인이 관심을 두면서 자연스럽게 화장품 수요가 증가하고 있는 모습입니다. 덧붙여서 화장품 업체들이 마케팅을 공격적으로 진행하고 있습니다. 화장품 대표 관련주인 아모레 퍼시픽 주가가 단기간에 몇 배나 급증한 것은 이미 잘 알려진 사실입니다.

수년 전에는 "슈퍼에 갈 때마다 ○○라면이 항상 매진인 것을 보고 △△식품 회사의 주식을 매수했는데 대박 났다."라는 실제 사례도 있었습니다. 중·고생들이 수입 패딩 점퍼를 제2의 교복처럼 입고 다니는 것을 보고 □□무역을 매입하여 고수익을 올린 투자자도 있습니다.

미국에 한 할머니 투자조합이 있었습니다. 할머니들이 돈을 모아서 펀드를 만들었습니다. 이제 투자 기업을 찾아야 했습니다. 어떻게 했을까요? 직업도 없고 시간이 많은 할머니들은 월마트에 갔습니다.

매일 계산대 근처에 자리 잡고 앉아 사람들이 무엇을 많이 사는지 지켜봤습니다. 그러고 나서 해당 제품 회사의 주식을 매수했습니다. 물론 일반 펀드보다 더 높은 수익을 올렸습니다.

일반인에게 기업분석이나 산업분석은 너무 어렵기만 합니다. 전문가에게도 쉬운 일이 아니지요. 이 할머니들의 사례처럼 어쩌면 전문적인 투자자들이 놓치는 팩트를 찾아 실생활에서 좋은 투자기회를 찾을 수도 있겠습니다.

원숭이와 미국 할머니 투자조합이 수익률 게임을 하면 아마 이번에는 할머니들이 승리하지 않을까 조심스럽게 예측해 봅니다.

보험은
미환급형으로 가입하라

하수 "어렵게 보험료를 내는데 환급이 안 된다면 너무 아깝잖아!"라면서 환급형 보험을 선택하는 사람

고수 최소로 필요한 보험료를 제외하고 미환급형으로 지급하여 남은 돈을 좀 더 금리가 높은 금융 상품에 운용하는 사람

　보너스를 주는 보험 상품이 있다니 믿어지나요? TV나 신문 광고를 통해 자주 접하는 보험 상품 가운데 가입자에게 보너스를 제공해 주는 보험이 있습니다. 이것은 낸 보험료 일부를 보험회사가 운용하여 설정된 시기에 설정된 액수를 되돌려주는 시스템이지요. 요컨대 보험 상품에 투자신탁을 포함하여 소비자에게 판매하는 점이 바로 이 보너스 제

공형 보험의 비밀입니다.

이 투자신탁의 수익률이 절대 특별하거나 대단한 게 아닙니다. 예를 들어 보험 광고에서 자주 볼 수 있는 '10년 뒤 보너스 200만 원'이라는 문구를 분석해 보겠습니다.

현재의 2백만 원과 10년 뒤의 2백만 원 가운데 여러분은 어느 쪽을 선택하겠습니까?

10년 뒤에 2백만 원을 확실히 받을 수 있다고 하더라도 현재의 2백만 원을 선택하겠지요. 여러분은 '10년 뒤의 2백만 원보다 현재의 2백만 원이 더 가치가 높다'고 판단하기 때문일 것입니다. 즉 '같은 금액(절댓값)'이라고 하더라도 그것이 미래의 것이라면 어느 정도 '현시점에서의 가치'가 낮아지지요.

이것을 '10년 뒤의 보너스 2백만 원 이야기'에 대입해 보면 보험회사 입장에서 10년 뒤에 고객에게 제공하는 2백만 원에 대한 현시점에서의 가치는 적어도 2백만 원보다는 작은 가치임이 틀림없을 것입니다. 보험회사에서 운용하는 예정이율을 주식시장의 평균이율인 7퍼센트라고 가정한다면 10년 뒤의 2백만 원의 현재가치는 불과 1백만 원 정도밖에 되지 않습니다. 바꿔 말하면 현재의 1백만 원을 연이율 7퍼센트로 운용할 수 있다면 10년 뒤에는 2백만 원이 되는 것이지요.

만약 보험회사가 가입자들이 맡긴 돈을 연이율 10퍼센트로 운용할 수 있다면 현재의 1백만 원은 10년 뒤에 2백6십만 원 정도가 될 것입니다. 하지만 실제로 가입자에게 되돌려주는 돈은 10년 뒤의 2백만 원뿐이기 때문에 이 경우에 10년 뒤 시점에서 6십만 원 정도의 이익을 그대로 가져갈 수 있지요. 이것이야말로 보험회사로서는 상당한 이득이 아닐 수가 없습니다.

미환급형 보험을 선택하고 절감한 지급액만큼의 돈(앞에서 살펴본 보험 회사의 운용 사례와 같이 현재 금액으로 1백만 원이라고 가정하겠습니다)을 가입자가 독자적으로 연이율 7퍼센트로 운용할 수만 있다면 10년 뒤에는 2백만 원이 되어 있을 것이라는 계산이 나옵니다. 즉 보험회사에 맡겨두는 것과 다를 바가 없다는 이야기입니다.

더구나 가입자가 독자적으로 연이율 10퍼센트로 운용할 수만 있다면 현재의 1백만 원은 10년 뒤에 2백6십만 원이 될 것이므로 보험회사에 맡겨두는 것보다 오히려 더 이익이지요. 보너스를 제공해 주는 보험을 이용해야만 하는 사람은 '자기 스스로 자산운용을 할 수 없는 사람'이라든지 '현금이 수중에 있으면 그냥 다 써버리고 마는 사람'입니다. 그러니까 돈에 관해 지식이 거의 없거나 돈 씀씀이가 헤픈 사람이지요. 그렇지 않은 사람이라면 미환급형 보험 가입이 효과적입니다. 그리고 남은 돈을 스스로 운용하면 되는 것이지요.

이 점을 강조해 두고 싶습니다. '금융기관은 절대 손해 보는 상품을 판매하지 않는다'는 점을 말입니다. 부디 명심하기 바랍니다.

그리고 지금까지 살펴본 바와 같이 미래의 돈을 현재의 가치로 변환시키는 방법을 할인현금수지분석법(DCF법; Discounted Cash Flow Method)이라고 합니다. 이것은 미래의 어느 시점의 현금을 어떤 일정한 할인율을 적용하여 현재가치로 바꿔보는 방법입니다. 그리고 이를 통해 얻어진 현재의 가치를 '할인현재가치'라고 합니다.

돈의 가치는 시간과 함께 변합니다. 따라서 시간과 리스크를 염두에 두지 않으면 돈의 가치를 산출할 수 없지요.

그런데 뜻밖에 많은 사람이 돈이 나가고 들어오는 시간의 경과를 무시하고 들어오는 시점과 나가는 시점의 절대적인 숫자만을 단순 비교하여 계산하려고만 합니다.

이 점을 알고 모름이 돈에 관한 소양이 있는 사람(고수)과 소양이 없는 사람(하수)의 커다란 차이점입니다.

실용 POINT 28

만기환급금에 속지 말자!

일어나지도 않은 일에 미리 걱정하는 사람의 심리를 이용하여 엄청난 돈을 벌고 있는 사람들이 있습니다. 헌데 우리는 이를 도박이라 부르지 않고 보험이라고 부릅니다.

그러나 사실 이것은 평균의 법칙을 기초로 하는 도박의 일종입니다. 이러한 보험회사는 창립한 지 200년이 지났지만 인간의 본성이 변하지 않는 이상 앞으로도 수세기는 지속될 확률이 높습니다.

혹시 모를 '만약'에 대비하는 보험. 만기환급이라는 말까지 얹어 주면 왠지 손해 없는 장사 같습니다. 보장이 확실하고, 만기에는 냈던 보험금 100%를 돌려준다고 하니까요. 하지만 정말 낸 돈을 돌려받는 보험이 소비자 입장에서 이익일까요?

만기환급형인 보장성 보험의 경우, 사고 발생 시 고객에게 지급하기 위한 위험보험료[3] 비중은 전체 금액의 약 1/4 내외밖에 되지 않습니다.

3　위험보험료: 보험사가 실제로 질병이나 사망 발생 시 보험금을 지급하기 위한 자금이다. 매달 보험료에서 일정 부분을 위험보험료로 받아 쌓다가 보험금을 지급한다.

대신 적립보험료[4]는 약 1/2 내외나 됩니다. 만약 순수보장형으로 가입했다면 만기에 돌려받는 적립보험로가 필요 없으므로 보험료는 그만큼 줄어들지요.

> **보험료: 만기환급형 = 순수보장형 × 약 2배**

이 두 보험료는 거의 두 배 정도 차이가 있습니다. 물론 비싼 보험은 유지가 힘들지요. 가계 사정이 어려워졌을 때 가장 먼저 줄이는 것이 보험료인데, 중간에 해지하면 기대했던 혜택은커녕 그동안 낸 보험료도 손해를 봅니다. 그런데도 만기환급형을 더 선호하는 경향이 있습니다. '보험료를 냈는데 사고가 발생하지 않는다면?'이라는 무의식중의 심리가 작용했기 때문이지요. 한 푼도 못 돌려받으면 어쩌나 걱정되는 마음에 만기환급형 보험을 들다가 더 큰 손해를 입는 줄도 모르고요.

만기환급형 − 순수보장형 = 차액을 다른 금융 상품에 투자해서 얻는 금액과 만기환급 시 돌려받는 금액은 차이가 큽니다. 물론 전자가 수적으로 우세하지요. 2% 이율에 저축만 해도 나중에 받는 환급금보다 훨씬 많은 이자를 받으니까요.

다시 한 번 말하지만 기업은 절대 자신이 손해 보는 일은 하지 않습

---

4 적립보험료: 매달 저축되는 보험료이다. 이것이 쌓여 해지환급금이나 만기환급금이 된다.

니다. 만기에 돈을 돌려받는 방법은 소비자 입장에서 이익이 아닌 손해입니다. 오히려 기업이 득을 보니 정말 아이러니이지요.

보험료가 오르면 보험사가 가져가는 사업비[5]도 같이 오르기 때문에 보험설계사에게도 할당하는 몫을 더 떼어 주면서 회사에 이득이 되는 상품을 팔도록 독려하는 것이지요. 보험사가 만기환급형 상품을 열심히 팔고자 하는 데는 다 그만한 이유가 있는 것입니다.

---

5 보험사 사업비: 보험회사의 운용비, 보험설계사의 수당, 보험회사의 이익 등을 가리켜 말한다.

LESSON 29

싸게 사서
비싸게 판다

하수 "대단해, 1년 만에 3억 원의 주식 차익을 얻다니! 정말 부럽다!"라며
칭찬하는 사람

고수 "음, 이 정보만으로는 정말로 수익을 올렸는지 아닌지 알 수가 없
어!"라며 냉정하게 분석하면서 증권회사에 질문하는 사람

"1년 동안 3억 원의 자본 이익이라! 이야, 엄청난 이익이네!"

분명 그렇게 보입니다. 하지만 실제로 이 결과만 갖고서는 정말로 수
익을 올렸는지 아닌지를 제대로 알 수가 없습니다. 왜냐하면, 여기에는
중요한 정보 두 가지가 빠져 있기 때문이지요.

첫 번째는 '얼마의 원금을 운용한 것인지'에 관한 정보입니다.

3억 원의 원금으로 3억 원의 자본 이익을 얻은 경우라면 원금은 1년 만에 두 배가 되었다는 계산이 됩니다. 이 경우의 투자자본수익률(= 이익 ÷ 투자자본총액)은 100퍼센트입니다. 사실이라면 정말 대단한 수익률이지요.

하지만 원금이 1백억 원이었다고 해보겠습니다. 이때 투자자본수익률은 1백억 원분의 3억 원으로 겨우 3퍼센트에 지나지 않습니다. 연이율 3퍼센트라면 좀 더 이율이 높은 운용대상은 얼마든지 찾을 수 있을 것입니다. 더구나 투자자금을 1백억 원이나 갖고 있다면 말이지요. 그렇다면 이 경우에는 3억 원의 자본 이익을 얻었다고 하더라도 오히려 "아니 왜 이렇게 운용실적이 형편없는 거야?"라며 불쾌해 할 것입니다.

두 번째는 "도대체 그 원금을 어떻게 해서 조달했는가?"라는 정보입니다.

이번에는 원금을 10억 원이라고 가정해 보겠습니다. 10억 원의 원금으로 3억 원의 자본 이익을 낸 것이므로 이 경우의 투자자본수익률은 30퍼센트가 되지요. 이 결과만 본다면 상당히 괜찮은 실적이라 할 수 있습니다. 그런데 이 원금은 어디에서 온 것일까요? 만약 원금을 소비자금융에서 연이율 30퍼센트(이것을 자본비용이라고 합니다)로 빌려서 조달했다고 한다면 운용을 통해 3억 원의 수익을 냈다고 하더라도 자본비용으로 사용한 3억 원의 이자를 지급해야 하기 때문에 결과적으로 이익은 제로가 됩니다.

이것은 참으로 유감스러운 일입니다. 하지만 현실적으로 투자해서 돈을 벌기 위해서는 먼저 원금을 조달해야 합니다. 그 돈을 무이자로 조달하는 것은 불가능하므로 당연히 어느 정도의 자본비용이 들어가야 하지요. 그렇다면 운용을 통해 그 자본비용 이상의 이익을 얻어내지 못한다면 '훌륭한 운용실적'이라고는 할 수 없지요.

경제가치의 산출은 조달한 자금의 자본비용을 초과하는 투자자본수익률을 내야 비로소 실현됩니다.

이 이야기를 기업에 빗대어 설명하면 아무리 매출액과 이익이 동시에 증가하는 결산을 했다고 하더라도 그것을 지탱하는 자본비용이 그 수익을 초과하는 금액이라면 주가는 원칙적으로 상승하지 않습니다. 실질적인 수익을 내지 못했기 때문이지요. 그리고 자기가 자유롭게 조달한 돈(빌린 돈은 아님)이라 하더라도 그것을 저축했을 경우와 같이 다른 운용을 통해 얻을 수 있었던 이윤에 해당하는 금액 또한 비용으로 인식해야 합니다.

보고 싶은 것만 보고 믿고 싶은 것만 믿는 우리

 Y 씨의 사례

창업을 시작하기 위해 준비 중이던 Y 씨. 20년 지기 죽마고우와 동업을 하기로 한다. 그 친구는 자신과 마음이 제일 잘 맞기도 했고, 고등학교 때부터 동고동락하며 우정을 쌓아와 믿음이 두터웠다. 그만큼 의리로 똘똘 뭉친 그들이었기에 별 고민 없이 친구와 손을 잡는다. 하지만 주변에서는 그들의 동업을 거세게 만류한다. 동업관계는 친구일 때의 관계와는 또 다른 차원의 문제라며 그를 설득한다. 그러나 친구의 좋은 점을 많이 봐왔던 Y 씨는 제삼자의 잘못된 판단이라 치부해 버리고 조언을 무시한다.

드디어 개업한 Y 씨. 장밋빛 꿈에 부풀어 있던 그의 상상은 얼마 안 돼서 깨지고 만다. 친구와 함께 하는 사업이라 무난할 거라는 예상과 달리, 갈등과 충돌의 연속이다. 결국 시작한 지 1년 만에 파경에 이른다. 그제야 주변의 우려와 걱정들이 하나둘 떠오르지만 이미 일은 벌어진 뒤이다. 친구와 사업이라는 자산을 동시에 잃게 된 그는 깊은 자괴감에 빠지고 만다.

사랑하는 사람에게 콩깍지가 씌어 주변에서 아무리 단점을 말해도 들리지 않던 적이 있나요? 그러다 결국 안 좋게 헤어지고, 진작 말을 듣지 않은 것이 후회된 경험이 있다면 Y 씨의 사례가 더욱 와 닿을 텐데요. 친구로서만 보았던 좋은 점을 믿고 동업한 Y 씨도 그랬습니다.

이렇듯 자신의 신념과 일치하는 정보는 받아들이고 신념과 일치하지 않는 정보는 무시하는 경향을 심리학에서는 '확증 편향(Confirmation Bias)'이라고 합니다. 새로운 정보들이 우리가 가진 기존의 이론이나 세계관, 그리고 확신하고 있는 정보들과 모순되지 않으면 맹신하는 것입니다. 한마디로 보고 싶은 것만 보고 믿고 싶은 것만 믿는 성향이라고 할 수 있지요.

"담배는 몸에 해롭기만 한 게 아니야. 스트레스 해소에도 도움이 되고 동의보감에서는 오히려 몸에 좋은 천연 약초라고 기술했지 뭐야?"

"쟤는 그런 사람이야. 그래서 저렇게 행동할 수밖에 없어."

귀에 못이 박이도록 들었을 담배의 유해성을 무시하고, 눈엣가시처럼 여기는 사람의 모든 행동을 부정적인 시선으로 보고 해석해서 단정 짓는 것도 마찬가지입니다. 확증 편향에 빠지면 판단하는 기준의 잣대가 내가 그렇다고 생각하는 쪽으로 기웁니다. 자신의 시선과 틀, 프레임을 통해 유리한 정보만 받아들이기 때문에 수용성이 떨어지지요.

어쩌면 합리화와도 관련이 있다고 할 수 있습니다. 생각의 뿌리를 파고 들어가 그대로 고여 있으면서 주위 얘기는 듣지 않으려고 하기 때문이지요.

이렇듯 우리는 자연스럽게 나의 가치관과 맞지 않는 정보들은 배제하려고 합니다. 자기가 생각하는 방향의 정보만 받아들이고 반대되는 정보나 의견은 무시하는 경향이 많습니다.

특히 경제계에서는 확증 편향이 매우 빈번하게 일어납니다. 투자를 시작하면 대부분이 확증 편향을 경험합니다. 늘 객관성을 유지하고 감정적인 판단이나 편견, 선입견에서 벗어나려고 하지만 이는 절대 쉽지 않습니다.

확증 편향에 제일 많이 노출된 직업은 저널리스트인데, 그들은 미래의 주식 동향을 예측한 칼럼을 쓰면서 확증 편향에 빠지기 쉽습니다. 주가 상승을 예측할 경우엔 주가 하락을 예고하는 많은 징조를 아예 무시해 버리지요. 왜냐하면, 오로지 주가 상승을 뒷받침해 줄 증거만 필요하니까요.

그렇다면 확증 편향을 견제하기 위해서 우리는 자기 이론이 옳다고 확신할수록 그와 모순되는 것들을 활발히 찾아 나서야 할 것입니다. 하지만 확신을 가지고 있는 자기 의견에 의문을 품기는 쉬운 일이 아닙니다. 성공의 경험이 많을수록, 알고 있는 지식이 풍부할수록 자기 생각을 거스르기는 더욱 어렵기만 합니다.

일단 고정관념의 틀을 깨세요. 즉 새롭고 특수한 것에 귀를 열고 집중해야 합니다. 일어날 확률이 적다고 여겨지는 경우는 종종 확인되지 않은 증거가 숨어 있기 때문입니다. 이미 머릿속에 가지고 있는 이론에 단순히 이끌려가지 말고 반문을 하세요.

워런 버핏은 "내가 가장 잘하는 것은 기존의 견해들이 온전하게 유지되도록 새로운 정보를 걸러내는 일이다."라고 말했습니다. 그가 성공적으로 투자해 오늘날 투자의 대가가 될 수 있었던 것은 확증 편향의 위험을 의식하고, 끊임없이 자기 생각을 혁신하려고 노력했기 때문이 아니었을까요?

LESSON 30

데이트레이딩은 전업이 아니라 겸업으로!

하수 친구들 사이에서 '데이트레이딩의 신'이라고 불리기 시작하면서 월급쟁이 생활을 그만두고, TV 방송국에서 데이트레이딩 특집을 위한 취재요청을 받자 그저 우쭐해 하는 사람

고수 설령 데이트레이딩으로 월평균 1천만 원의 이익을 얻더라도 본업을 충실히 하며 손을 떼지 않는 사람

성공적인 주식 투자를 위해 가장 중요한 요소는 바로 '냉정'과 '여유'입니다. 한 가지 더 추가하면 '세상 돌아가는 상황을 피부로 느끼는 것'이 필요하지요. 그런데 데이트레이딩으로 생계를 꾸려나가게 된다면 '트레이딩을 통해 돈을 못 벌면 밥도 못 먹는 처지가 되는 것'을 의미하

기 때문에 아무리 투자기술을 연마하더라도 객관적이고 냉정한 투자태도를 유지할 수 없게 될 것입니다. 따라서 데이트레이딩을 전업으로 한다는 것은 논리적으로 생각해 보면 '파탄이 예정된' 일이라고 할 수 있습니다.

비록 데이트레이딩을 하더라도 생계를 유지하기 위해 직장에 다니기를 굳게 마음먹는다면 투자활동을 하는 데 있어서 필요한 냉정함도 당연히 유지할 수 있을 것입니다.

게다가 어떤 직업이든지 자기가 하는 일을 통해 사회와 연결되는 끈을 가진 것은 현실 세계에서 투자활동을 하는 데 있어서 아주 큰 도움이 됩니다. 왜냐하면, 경제활동 현장의 중심에 있을 수 있기 때문이지요. 이러한 이유로 '데이트레이딩은 겸업으로 해야지 전업으로 해서는 안 되는 것'입니다.

간혹 '운'과 '실력'을 갖춘 데이트레이딩의 아마추어 고수들이 존재하고 화제가 되기도 합니다. 하지만 냉정하게 생각해 보면 그들은 '특별한 존재'이기 때문에 화제가 되는 것이지 아무나 노력만 한다고 해서 그들처럼 성과를 올릴 수 있는 것은 아니라는 점을 잊지 마세요.

손에 쥐고 있는 돈을 전부 투자한 다음 1분 1초마다 주가의 상승과 하락에 일희일비하는 모습은 파친코 기계에 달라붙어 구슬이 어디로

가는지를 계속 바라보고 있는 것과 다를 게 없습니다. 이런 주식 투자는 진정한 의미의 투자가 아니라 문자 그대로 생계가 걸린 도박이라고 할 수 있지요.

그렇다면 데이트레이딩에서 트레이더(trader)[6]의 자금은 24시간 365일 가운데 과연 얼마나 기업에 투자될까요?

유감스럽게도 이런 트레이더의 자금은 대부분의 시간 동안 '증권회사 계좌'에서 잠자고 있을 뿐입니다. 즉 국가 경제에 대해 특별한 가치제공을 하지 못한다고 할 수 있지요.

"그런 건 내가 알 바 아니다. 단지 돈만 벌면 된다!"는 생각을 굳이 부정하지 않겠습니다. 하지만 그와 같은 생각이 도가 지나쳤던 결과가 바로 지금의 경제위기라는 점만큼은 명심하세요.

투자를 통한 수익은 투자되는 자금이 스스로 일을 해서 돈을 만들어내지 않으면 아무 의미가 없습니다. 자금을 투자해 놓고서 1분 1초의 등락에 일희일비하는 것은 그야말로 쓸데없는 노동에 불과하지요. 그럴 시간이 있다면 차라리 사회에 제대로 된 가치를 조금이나마 제공할 수 있는 육체적 노동을 하는 게 훨씬 더 보람 있을 것입니다.

---

6 트레이더: 고객을 위해서가 아니라 자기 계정으로 증권매매를 하는 업자를 말한다.

주식 투자는 매력적인 놀이이다

주식 투자에 성공한 사람은 과연 어떤 사람일까요? 베스트셀러 〈블랙 스완〉의 저자이자 세계적으로 성공한 투자가 중 한 명인 나심 니콜라스 탈레브(Nassim Nicholas Taleb)에 의하면, 주식 투자를 하는 사람이 1만 명이 있다고 가정할 때, 오직 운으로 해마다 절반은 돈을 따고 절반은 돈을 잃게 된다고 아주 보수적으로 가정합니다. 50%의 성공한 사람은 다시 투자하게 되지요. 그렇게 1년이 지나면 5000명, 5년이 지나면 313명, 7년이 지나면 79명, 10년이 지나면 9명이 오직 운으로만 주식 투자에서 돈을 벌게 된다는 것입니다.

주식 투자를 통한 인생 역전으로 방송 매체에서 족집게 주식강의를 하는 유명인사도 7년 후의 79명 중 1명일 수 있습니다. 투자의 대가인 워런 버핏이나 소로스도 그런 영민한 사람 중 하나일 뿐입니다. 즉 그들이 10년 뒤 9명 중 1명일 수도 있다는 말이지요. 타고난 천재라기보다는 행운의 여신이 손을 들어줬다는 표현이 더 어울릴 수도 있습니다.

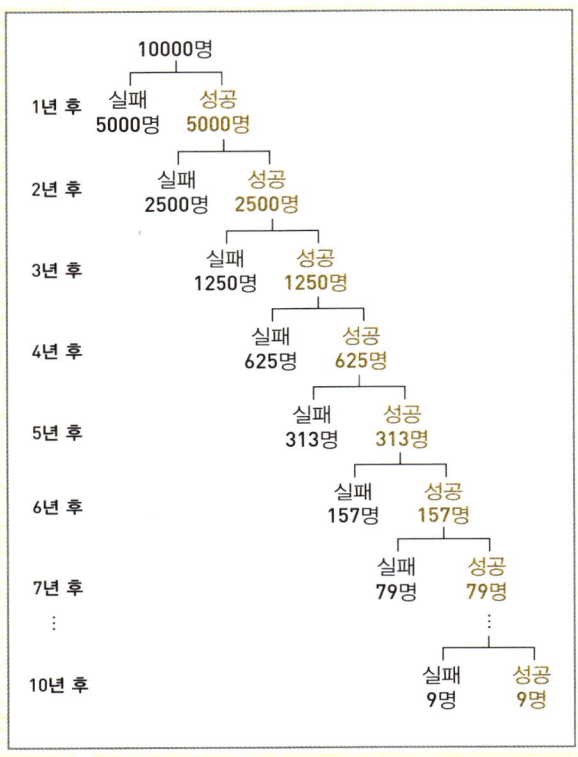

그렇다면 79명 중의 1명인 유명 펀드매니저가 혹시 8년째 되는 해에 운이 나빠 몽땅 돈을 잃지는 않을까요? 그럴 확률도 물론 50:50입니다.

그래서 주식에만 전 재산을 투자하는 것은 경마에 전 재산을 배팅하거나 아카데미수상자를 정확히 예측하는 것만큼이나 매력적인 놀이라고 할 수 있습니다.

LESSON 31

레버리지(지렛대)의 원리

하수 단기간에 많은 돈을 벌고 싶은 마음에 어떤 금융 상품을 구매할 경우에도 항상 높은 레버리지로 임하는 사람

고수 가격변동이 큰 금융 상품에는 낮은 레버리지로 임하고, 가격변동이 작은 금융 상품에는 때때로 높은 레버리지를 이용하는 사람

'레버리지(leverage)'에 대해서 알고 계십니까? 레버리지란 영어로 지렛대를 일컫는 말입니다. 금융용어에서는 적은 자금을 밑천으로 하여 마치 '지렛대의 원리'를 이용하는 것처럼 큰돈을 운용하는 것을 의미하지요. 아마도 주식의 신용거래를 경험해 본 분들은 잘 알 것입니다. 그런데 의외로 레버리지에 대해 제대로 이해하는 사람은 적은 것 같습니다.

구체적으로 설명해 보겠습니다.

지금 A와 B가 주식 투자를 시작하려고 합니다. A와 B 모두 원금은 1천만 원이라고 가정할게요. 그리고 두 사람 모두 같은 기업인 C사에 투자합니다. 이때 두 사람의 투자 방법은 다릅니다. A는 현물주에 투자합니다. 요컨대 한 주 1천만 원의 주식을 현금 1천만 원 전부로 투자하는 것이지요. 한편 B는 신용거래를 이용해 투자합니다. 이 사람은 가진 현금 1천만 원을 담보로 하여 몇 배나 되는 대출을 받아 그 대출금으로 더욱 많은 투자를 하는 것이지요. 즉 '레버리지 효과'를 이용하는 것입니다.

A와 B가 투자하는 대상 기업인 C사의 현재 주가가 정확히 한 주당 1천만 원이라고 가정하였습니다. A는 원금 1천만 원으로 C사의 주식 1주를 매수할 수 있습니다. 현물거래가 성립되는 것이지요. 한편 B는 신용거래 덕분에 예탁금 1천만 원의 3배까지 주식 투자가 가능했습니다.

신용거래란 자신의 자금을 담보로 하여 증권회사 같은 곳으로부터 훨씬 많은 자금을 대출받아서 투자하는 구조입니다. B의 경우에 2천만 원을 빌려 원금(이하 '자기자본')인 1천만 원과 합쳐 3천만 원에 해당하는 주식을 매수할 수 있었습니다.

그런데 1개월 뒤에 C사의 주가가 10퍼센트 상승하여 1천1백만 원이 되었다고 가정해 보겠습니다. 이때 C사의 주식을 1주 매수했던 A는 1백만 원의 주가상승 차익(자본 이익)을 얻게 됩니다. 한편 신용거래를

했던 B는 3천만 원어치(3주)를 갖고 있으므로 수익은 3백만 원이 되지요. 1천만 원 × 3주 × 10퍼센트 = 3백만 원입니다.

A와 B 모두 투자한 '자기자본'은 같은 1천만 원입니다. 하지만 B는 신용거래를 이용하여 같은 자기자본에 대해 A보다도 많은 이익을 얻을 수 있었지요.

주식 투자에서 '투자자본수익률', 즉 얼마의 원금을 갖고서 얼마나 벌었는가를 나타내는 비율을 보면, A와 B 모두 마찬가지로 10퍼센트입니다. B의 투자자본수익률은 그 분자인 이익이 A보다 3배가 되더라도 마찬가지로 분모인 투자자본도 3배가 되기 때문에 결국 A와 B 모두 수익률은 같은 10퍼센트가 되는 것입니다.

하지만 '자기자본에 대한 이익률'은 A는 그대로 10퍼센트이지만, B의 경우에는 30퍼센트(1천만 원의 자기자본에 대해 3백만 원의 이익)가 되는 것이지요. 이것이 바로 대출에 의한 레버리지 효과, 지렛대의 원리라고 하는 것입니다.

이런 식으로 플러스로 작동하면 레버리지는 아주 바람직한 효과를 불러옵니다. 물론 B는 2천만 원을 빌린 상태이므로 빌리고 있는 동안의 이자는 별도로 지급해야 합니다. 그런데 레버리지가 마이너스로 작동하면 이 방법을 이용한 사람에게 큰 손실을 초래합니다.

만약 C사의 주가가 예상과 어긋나 10퍼센트 하락할 경우에는 과연 어떻게 될까요? 상상하기 싫어지지요? A와 B 모두 투자자본수익률은 마이너스 10퍼센트이지만, 자기자본에 대한 수익률은 B의 경우 '레버리지 효과'로 인해 마이너스 30퍼센트가 됩니다. A는 자기자본에 대해 1백만 원의 손실로 끝나지만, B는 자기자본에 대해 3백만 원의 손실을 보게 되지요. 게다가 이 경우에 B는 증권회사로부터 추가보증금까지 청구받기도 합니다.

이처럼 주식 신용거래(대출에 의한 레버리지)란 예상대로 주가가 움직여 준다면 최고의 수단이지만, 예상을 벗어나면 손실로 이어집니다.

최근 화제인 외환증거금거래(FX; Foreign Exchange)의 경우에 이 레버리지가 3배 정도가 아니라 최대 수백 배에 이르기도 합니다. 즉 1천만 원의 증거금(예탁금을 의미함)으로 수십억 원의 거래를 할 수 있게 되는 것이지요. 이로써 수익이 난다면 엄청난 이익을 얻을 수 있을 것입니다. 하지만 예상이 어긋나면 엄청난 손실을 보게 될 것입니다. 실제로 FX에 손을 댔다가 파산한 사람들의 이야기는 곳곳에서 들리고 있습니다.

레버리지에 대해 알아보고 있는데요. 혹시 차입매수(LBO; Leveraged Buy-Out)라고 하는 투자기법에 관해 들어보았나요? 유이자부채(有利子負債)에 의한 지렛대 원리를 이용하여 자기자본보다 몇 배나 되는 큰 규

모를 구매하는 방법입니다. 자금이 많지 않은 회사가 다른 큰 회사를 매수할 경우 등에 주로 사용하는 기법이지요.

절대 어렵지 않은 이야기입니다. 아주 평범한 일반인도 평소에 LBO 를 아무렇지 않게 활용하고 있으니까요. 이른바 '주택 담보 대출'이 바로 LBO 그 자체입니다. 예를 들면 3천만 원의 자기자본(계약금)을 준비해서 3억 원의 주택을 구매하는 경우가 있지요? 이때 구매시점에서의 레버리지는 10배가 되는 것입니다.

기업매수 등의 LBO도 기본적인 구조는 이 주택 담보 대출과 다르지 않습니다. 매수하기 전에는 자기 자산이 아닌 피매수기업을 담보로 하여 대출을 받아 외부에서 자금을 조달하여 매수합니다.

현재 큰 문제가 되는 전 세계적인 금융위기에서 금융기관이 거액의 손실을 보게 된 큰 원인 가운데 하나가 바로 '레버리지'입니다. 레버리지를 걸어놓은 자금을 통해 한발 더 나아가서 옵션거래(일정한 가격으로 팔거나 사거나 할 수 있는 권리의 거래)를 한 것이지요.

당연히 수익을 낼 것으로 기대했던 것이 리먼브라더스 금융위기[7]로 어긋나면서 거액의 손실을 떠안게 되었던 것입니다. 무슨 일이든지 적당한 것이 좋은 법이지요.

---

7 리먼브라더스 금융위기: 150년의 역사를 가진 월가의 대표적 투자은행인 리먼브라더스가 모기지 주택 담보 투자로 수익을 올리다가 지나친 차입금과 주택가격의 하락으로 2008년 9월 15일 파산하게 된 사태를 말한다.

사람들은 왜 빚을 내면서까지 집을 살까?

"대출받아 내 집 마련"

주위에서 심심치 않게 들려오는 소식입니다. 왜 빚을 내면서까지 집을 사려고 할까요? 이와 관련된 A 씨의 사례를 예로 살펴봅시다.

A 씨가 3억 원짜리 집을 산다고 가정해 볼게요. 내 집 마련의 꿈을 위해 아파트를 사기로 한 A 씨는 3억 원 전부를 자기 자본으로 마련해 아파트를 삽니다. 1년 후 A 씨가 산 아파트값이 4억 원으로 올라 1억 원의 수익을 얻었다고 가정하지요. 3억 원과 대비해 얼마나 벌었는지를 따져보면 순수익률($\frac{B}{A} \times 100$)이 나오는데, A 씨는 3억 원을 투자해 1억 원을 벌었으니 수익률은 약 33.3%($\frac{1억}{3억}$)에 달합니다.

자기 자본으로만 3억 원짜리 집을 살 경우

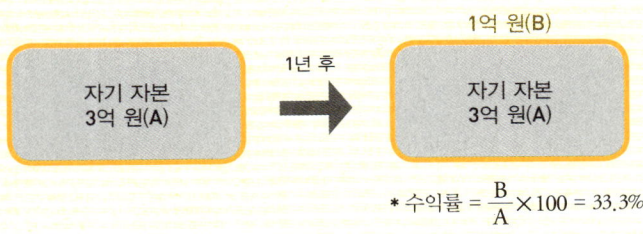

다른 경우로, 만약 A 씨가 보유한 금액이 1억5천만 원의 전세 보증금과 그동안 모아둔 적금 5천만 원이 전부라고 가정해 봅시다. 그래서 모자란 돈 1억 원을 은행에서 대출받았습니다. A 씨가 투자한 자기 돈은 2억 원(전세보증금 1억5천만 원 + 적금 5천만 원)입니다. 대출금 1억 원은 수익률 계산에서 제외하고 수익률을 구해 봅시다. 2억 원을 투자해 1억 원을 벌었으니 약 50%($\frac{1억}{2억}$)의 수익률을 올린 셈이지요.

은행에서 1억 원을 빌렸을 경우, 수익 1억 원 가정(레버리지 효과)

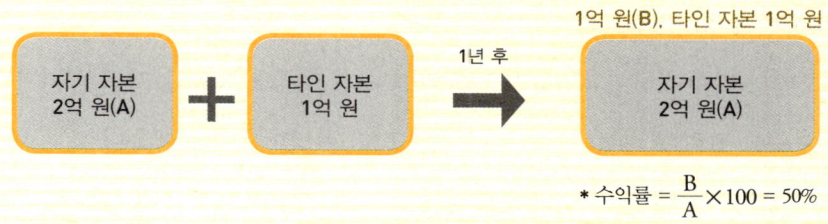

　　33.3%와 50%. 분명 수익률에 차이가 있다는 것을 확인할 수 있습니다. 이처럼 개인이 빚을 지렛대 삼아 주식이나 부동산 등에서 수익률을 높이는 사례를 보고 레버리지 효과를 냈다고 하는 것입니다! 물론 여기에 자금을 모으기까지 걸리는 시간이 기회비용으로 더해진다면 수익률 격차는 더욱 커지겠지요?

　　하지만 레버리지 효과만 철썩같이 믿었다간 화를 면치 못할 것입니다. 빚을 낸다는 것 자체가 굉장한 모험이고, 가까운 주변만 봐도 빚을 내 부동산을 산 사람 중에 하우스푸어로 전락한 사례를 종종 볼 수 있습니다.

그 이유는 '내가 산 집값이 오를 것'이란 확실하고 뚜렷한 예측이 없기 때문입니다. 레버리지 효과는 집값이 오를 때는 엄청난 상승효과를 낼 수 있지만, 반대로 집값이 하락할 때는 큰 손실이 불가피합니다. 이는 빚을 내서 집이나 주식을 사는 것은 무척 위험한 일임을 보여주는 단적인 예입니다. 한마디로 레버리지 효과는 약도 되고 독도 되는 이중성을 지니고 있습니다.

따라서 무리하여 큰 리스크를 얻기보다는 미래 상황과 자신의 가계 수준을 고려해 적정선에서 투자하는 것이 현명한 방법이겠습니다.

손실을 입었을 때의
대처법

하수　투자활동에서 손실을 입었을 때 "어잇, 자금을 좀 더 늘려서 반드시
　　　되찾고 말 거야!"라면서 투자를 계속하는 사람

고수　손해를 본 것은 분하지만 잃어버린 돈에 대해 곱씹어 보아야 아무런
　　　소용도 없는 법. 무엇이 잘못된 것인지 검토해서 남은 자금으로 다시
　　　시작하는 사람

　여러분이 거대펀드를 운용하는 사람이라면, 가령 어느 한 회사에 거
액의 자금을 투자라도 하지 않는 한, 혼자 주식을 사거나 파는 것으로
그 회사의 주가가 변할 리는 절대 없을 것입니다.

　물론 1백만 원어치의 주식을 사거나 파는 것만으로도 주가를 형성하

는 요인은 되겠지만, 시장에서 그 주식이 거래되는 총액(거래된 주식 숫자)은 훨씬 크기 때문에 결국 '오차범위'에 지나지 않게 되는 것이지요.

손실을 만회하기 위해 자금을 늘리고 싶은 충동은 누구에게나 있지만 늘린다고 해서 그때까지의 승패 확률에 변화가 생기는 것도 아닙니다. 따라서 소액으로 투자한 덕분에 손실이 그나마 이 정도여서 다행이라고 생각하는 편이 좋은 것이지요.

투자에 실패했을 때에는 "아, 투자금액이 이 정도여서 그나마 다행이야. 만약에 더 투자했더라면 더 큰 손해를 봤을 테니까!"라고 생각하는 것이 올바른 태도입니다.

그리고 다음으로 해야 할 것은 더 많은 투자를 하기 전에 우선 왜 실패했는지에 대해 연구하고 원인을 찾아보면서 자신에게 부족한 정보와 지식을 늘리는 것입니다. 이것이 다음의 투자활동을 하는 데 있어서 리스크를 줄이고 리턴을 늘릴 수 있는 유일한 방법입니다.

참고로 정말로 중요한 투자 지식과 교양이란 투자대상이 되는 기업의 본질적인 '가치'를 산정하는 방법을 터득하는 것입니다. 대부분의 투자 실패는 이 방법, 즉 '가치산정기법'을 갖추지 않기 때문에 생기는 것이라고 해도 과언이 아닙니다. 물론 현실적으로 투자자 입장에서 기업가치와 주주가치를 산정한다는 것이 생각만큼 간단한 것은 아니지만요.

악어의 법칙을 명심하라

주식시장에는 불확실한 요소가 매우 많습니다. 그래서 자신의 투자가 항상 수익을 낼 것이라는 보장도 없을 뿐만 아니라 자신이 항상 정확한 판단을 하는지 단언하기란 쉽지 않습니다. 수익을 올렸다 해도 즉시 자금을 회수해야 할지 아니면 좀 더 지켜봐야 할지 매순간 선택의 갈림길에 섭니다.

"인간의 욕심은 끝이 없고, 같은 실수를 반복한다."는 말이 있습니다. 사람은 본능에 따라 더 많은 것을 손에 쥐려고 하며, 약간의 수익보다는 일기일회의 대박을 꿈꾸지요. 게다가 돈이 관련되면 그 정도는 더 심해지지요. 그런 탐욕 때문에 항상 제자리입니다.

손실 관리가 어려운 투자자들에서는 더 심각합니다. 자기가 산 주식이 계속 하락한 경험이 있는 투자자 대부분의 경우는, 일단 팔면 손해를 보기 때문에 낙폭과는 관계없이 이를 악물고 버팁니다. 주가가 내려가더라도 혹시나 하는 가능성을 마음속에 품은 채 무리하게 밀고 나가려는 경향이 있습니다. 증시를 관망하며 희망을 거는 것이지요. 그러나 결과는 더 깊은 심연으로 빠져들어 걷잡을 수 없이 심각한 손해를 입게 되는 경우가 많습니다.

이와 관련된 재미있는 이야기가 있습니다. 바로 경제학에서 말하는 악어의 법칙(Alligator Principle)입니다. 만일 악어에게 다리를 물렸을 때 손으로 다리를 빼내려고 하다가는 손마저 악어에게 물어 뜯기고, 빠져 나오려는 몸부림이 거셀수록 더 심하게 물어 뜯긴다는 메시지입니다.

더 큰 손해를 막기 위해서는 작은 손해는 감수할 줄 알아야 합니다. 우호적이지 않은 상황에서는 과감하게 물러날 줄도 알아야 하지요. 즉 물린 곳을 희생시키는 것이 가장 현명하고도 유일한 길입니다.

이는 앞서 말한 주식 투자자들에게도 의미가 통합니다. 그들은 제 살을 잘라내기가 아까워 악어의 입에 손을 집어넣어 결국 모든 부위를 잃습니다.

손실은 피해갈 수 없습니다. 중요한 것은 손실을 어떻게 관리하는지입니다. 성공한 투자자들은 자신만의 투자 노하우를 가지고 있기 마련이지만, 그들의 성공을 보장하는 공통분모는 바로 스톱로스(Stop Loss)입니다. 투자의 제1원칙인 원금 보전을 위해 가장 중요한 것이지요.

'스톱로스'는 주가가 내려갈 때 손해를 보더라도 팔아서 추가 하락에 따른 손실을 피하는 것입니다. '스톱로스 = 재생'이라고 표현하는 사람도 있습니다. 가지고 있는 주식의 현재 시세가 매입 가격보다 낮은 상태이고 앞으로 가격 상승의 희망이 보이지 않을 경우 손해를 감수하고 더 큰 손해를 막기 위해 매도하는 것입니다.

물론 스톱로스를 정해놓는다고 해서 고든 일이 다 해결되지는 않습니다. 요행을 바라는 심리가 훼방을 놓기도 하고, 내 살이 잘려나가는 고통을 마주해야 하며, 자주 변동하는 가격에 우유부단해져 종종 실패도 합니다. 하지만 과거에 얽매여 있으면 미래에 집중할 수 없어 결국엔 더 많은 것을 잃게 됩니다. 우리에게 주어진 시간은 과거가 아니라 미래입니다.

실패했다면, 그것에 붙잡혀 있을 것이 아니라 스톱로스를 정하고 다시 전진하는 계기로 삼아 보는 건 어떨까요? 판단의 오류가 있었다면 과감하게 포기하세요. 때로는 결정의 순간에 맞닥뜨렸을 때 기꺼이 포기할 줄도 알아야 하는 법입니다.

LESSON 33

주가차트는
필수 아이템일까?

하수 '투자자를 위한 주가차트 분석방법'에 관한 책을 구매하여 그 내용을
곧이곧대로 믿고서 투자활동을 하려는 사람

고수 '투자자를 위한 주가차트 분석방법'에 관한 책을 출판하여 그 책이
베스트셀러가 되는 사람

　주식 투자를 해 본 적이 있나요? 처음에 어떤 책을 지침서로 보았나
요? 혹시 주가차트를 분석한 책이었나요? 대부분 주식 투자 초보자는
주가차트 관련 책을 봅니다. 아마도 많은 사례를 소개하고 있기 때문이
겠지요. 그뿐만 아니라 주식을 어느 시점에서 사고팔아야 하는지를 알
려주기 때문에 "그래 맞아, 바로 이거야! 이거면 돈을 벌 수 있어!"라는

환상도 심어 줍니다.

그렇습니다. 주식 투자에 관해 이야기할 때 필수 아이템처럼 여겨지는 것이 바로 '주가차트' 입니다. 이는 어떤 주식의 주가가 언제 오르고 내리는가를 나타내주는 그래프이지요. 그리고 그 차트를 보면서 투자를 지도하는 전문가는 아마도 이렇게 이야기할 것입니다.

"자, 보세요. 이 주식은 이 시점에서 최저점을 찍고 나서 가격이 오르고 있지요? 그래서 이 시점 전후에서 매수해야 합니다."라든가 "자, 보세요. 계속해서 오르기만 할 거라고 생각한다면 큰 착각입니다. 이 시점에서 전환하여 주가가 뚝뚝 떨어지고 있지요? 그러니까 이 시점에서 팔아야만 합니다."처럼 말이지요.

그런데 과거의 그래프를 보면서 하는 분석과 설명이라면 주식에 대한 약간의 지식이 있는 누구라도 어느 시점에서 매수하고 매도해야 하는지 설명할 수 있을 것입니다. 인간이란 참으로 재미있는 존재여서 주가차트와 같은 현실 속의 사례들을 근거로 그럴듯하게 분석하면 뜻밖에 그 내용을 의심 없이 곧이곧대로 믿어버리는 경향이 있습니다. 그래서 이런 식의 주가차트와 관련된 책이 많이 팔리는 것이지요.

'고수'에 해당하는 이런 책들의 저자는 절대로 논리적으로 틀리지 않은 과거의 차트를 해설하는 것만으로도 인세로 큰돈을 벌지요. 게다가 강연회를 열어 강연료로 큰돈을 벌기도 합니다. 그렇다면 주가차트를 분석한 책을 읽은 정도만으로 실제 주식 투자에서 돈을 벌 수 있을까요?

안타깝지만 절대로 그럴 일은 없습니다. 정말로 돈을 번다면 아무도 자기 일은 하지 않을 것입니다. 차트를 분석한 책을 읽고서 힘 안 들이고 주식을 매매하기만 할 뿐이지요. 그런 다음에는 놀면서 지내고요. 그렇게 된다면 일을 하는 사람들이 이 세상에서 사라지게 될 것이고 마침내 주식회사 그 자체가 없어지게 될 것입니다.

실제로 수많은 독실한 '주가차트 신자'들이 손실을 입고 있습니다.

그렇다면 무엇에 집중해야 할까요? 중요한 것은 주가차트라고 하는 단순한 '가격변동'에만 주목하지 않는 것입니다. 원래 주가라고 하는 것은 그 기업의 가치를 나타내는 숫자이기 때문에 '기업 그 자체의 가치'를 어떻게 하면 측정할 수 있는지 그 산정기법을 익히는 것이야말로 주식 투자에서 성공하기 위한 첫걸음입니다.

투자대상의 가치를 산정할 수 없는데도 불구하고 안이하게 돈을 투자하는 것은 단순한 투기 혹은 도박이나 다를 바 없는 행위입니다.

앞에서도 설명하였지만 도박에서 확실히 돈을 버는 것은 주최측뿐입니다. 여러분이 도박으로 돈을 벌 확률은 매우 낮은 것이지요. 그것을 인식하지 못하고 돈을 도박으로 벌려고 한다면 틀림없이 '하수' 대열에 들어서고 말 것입니다.

실용 POINT 33
술 취한 사람의 진행 방향을 예측할 수 있을까?

늦은 밤 만취해 비틀거리며 지그재그로 걸어가는 사람을 보았나요? 금요일 밤이면 더욱 흔하게 볼 수 있지요. 그런 사람이 어딘가를 향해 걷고 있는 것은 확실합니다. 하지만 다음 발을 내디딜 때 왼쪽으로 갈지 오른쪽으로 갈지 그의 움직임을 예상하기 어렵지 않나요? 목적지 또한 어디인지 알 수 없습니다. 오랜 관찰로 동선을 분석해 보니 걸음의 보폭과 방향이 일정한 패턴을 이루고 있다고 해도, 바로 앞으로 나타날 행동은 예측할 수 없을 것입니다.

금융시장도 이와 같습니다. 예상치 못한 변수가 많아 앞으로의 움직임을 정확히 판단하기는 쉽지 않습니다. 바로 앞도 내다볼 수 없는 주식시장의 움직임을 술 취한 사람의 걸음걸이에 비유하는 것, 이를 '랜덤 워크(Random Walk)' 가설이라고 합니다. 과거의 동향을 살펴 분석해 미래를 예측할 수 있는 '주가차트'가 있습니다. 아마 차트의 분석과 진단을 신뢰하여 자신의 금융 생활에 대한 등대나 지도로 생각하는 투자자가 많을 것입니다. 어떤 사람에게는 느스트라다무스의 예언처럼 보일 수도 있겠지요. 하지만 효용성이 있느냐 없느냐에 대한 의심을 품지 않을 수 없습니다. 마찬가지로 과거의 흐름을 가지고 과거 얘기를 하는 것이니까요.

예를 들어 보겠습니다. 자칭 연애 박사 A 양이 있습니다. 그녀의 화려한 연애 전적은 고등학생 때부터 지금까지 사귄 30명의 남자친구가 증명해 줍니다. 그동안 얻은 내공으로 A 양은 만난 지 얼마 안 된 현 남자친구의 성향을 파악합니다. 과거 남자들의 반복적인 패턴과 성향을 분석한 빅데이터를 바탕으로 예측하고 단정 짓습니다. 개인의 성격과 태도의 변화무쌍함, 그리고 각자가 가진 고유의 개성과 본성은 무시하고 말이지요. 과연 그 판단이 옳다고 할 수 있을까요? 아마도 A 양은 지금 자신의 옆에 있는 남자친구가 독립적인 존재라는 사실을 망각하고 있는 것 아닐까요?

주식 시세 동향은 주가 변동이 적힌 거대한 룰렛과도 같습니다. 주가 변동은 우연한 사건입니다. 과거의 흐름이 미래를 결정하지 않습니다. 반복되는 패턴을 규칙이라고 파악하는 순간 우리는 '우연'이 파 놓은 함정에 걸립니다. 차트에서 트렌드 채널 패턴을 발견하면, 투자자들은 해당 주식의 시세가 이 패턴을 따를 것이라고 진단합니다. 하지만 수많은 변수를 고려하면 이는 너무 낙관적인 생각입니다. 어떻게 그 많은 변수와 다양성을 차트에 담을 수 있을까요? 게다가 인간의 태도 역시 우연적 요소에 크게 영향을 받습니다. 사실, 차트 분석으로 돈을 번 전문가들을 찾을 수는 있습니다. 그 이유는 차트 분석이 맞아가는 경우에 있습니다. 기술적 분석이 성공하는 것은 경제적 요인이 작용했다기보다는 심리적 요인이 작용했기 때문일 것입니다.

증권 관련 매체들의 확산과 대중화로 인해 모두가 예언을 믿고 예언에 따라 행동한다면 그 예언은 적중할 수밖에 없습니다. 차트분석을 본 사람들이 '저 말이 맞아!'하며 너도나도 매수하는 영향력을 무시할 순 없습니다. 결국 주가 상승을 예언하는 차트분석을 믿고 많은 사람이 주식을 사면 주가는 예언대로 오르는 것이지요. **예측이 맞는 게 아니라 맞은 것처럼 보이는 것뿐입니다.**

패턴의 흐름을 지도 삼아 미래를 내다보는 일은 좋은 현상입니다. 전부 근거 없는 거짓말이 아닙니다. 그렇지만 그 예측을 너무 맹신하면 득보다는 독을 얻기 쉽습니다. 전부 예측에 맞출 수 없으니까요.

만약 주가가 운명처럼 미리 정해져 있는 것이라면 차트 분석가는 시장의 미래를 시세 차트에서 알아내는 혼대판 점쟁이와 다름없을 것입니다. 하지만 앞서 말했듯이 현실은 매우 다릅니다. 주가차트대로 믿고 행동하는 것은 미래의 운세를 맹신하고, 점쟁이 말을 신의 계시처럼 받아들이는 것과 다르지 않습니다.

주식 투자는
미인선발투표?

하수 "주식 투자는 어차피 '미인선발투표'니까!"라면서 가격변동(주가차트)에만 의지하면서 '투기'를 하는 사람

고수 "주가변동 같은 건 어차피 단기간의 주가 예측 말고는 쓸모가 없어. 중요한 건 투자대상의 '가치'야!"라면서 투자대상의 가치를 측정할 수 있는 사람

"주식 투자는 미인선발투표다."라고 말하는 사람이 매우 많습니다.

먼저 투자활동에서 '미인선발투표'가 무엇인지에 대해 설명하겠습니다. 이것은 단순히 '미스코리아 선발처럼 누구를 미인이라고 생각하는 가?'에 따라 투표하는 것을 의미하지 않습니다. 여기에는 투표 결과 그

미인이 획득한 표에 따라 그 미인에게 투표를 한 사람들이 어떤 종류의 편익을 누릴 수 있다고 하는 규칙이 있습니다.

따라서 투표를 한 사람들은 자신의 가치관에 근거해 "이 사람이 미인이다!"라고 생각되는 후보자에게 표를 던지는 게 아니라 편익을 획득하기 위해 "많은 사람이 누구를 미인이라고 생각해 투표할 것인가?"를 예측해 가능성이 큰 후보자에게 표를 던지는 것입니다.

즉 단기 트레이딩을 하면서 "이 뉴스를 보고 틀림없이 많은 사람이 이 기업의 주식을 사려고 할 거야!"라든지 "이 기업의 주가차트는 이제 서서히 급등할 거라는 신호를 보내고 있어!"라는 예측을 하면서 본인도 거기에 편승하는 행동을 '미인선발투표'라고 표현하는 것이지요.

그러면 앞에서 말한 '예측'에 위화감이 들지 않나요? 그렇습니다. 바로 투표대상의 '가치'에 대한 개념이 없습니다(참고로 주식 투자에서 투자자들이 보는 가치란 다름 아닌 '적절한 가격'을 의미합니다). 즉 자신의 돈을 투자하는 것에 대한 '의미' 그리고 자신의 돈을 투자하는 '대상'이 무엇인지에 대한 인식이 완전히 빠져 있는 것이지요.

또한 예측대로 들어맞는다고 하더라도 그로 인한 주가 상승은 일시적인 경우가 대부분입니다. 왜냐하면, 그 기업의 주가 상승은 '미인선발투표'로 움직인 투기꾼들에 의해 만들어졌기 때문이지요. 따라서 그들은 마찬가지로 미인선발투표 이론에 따라 "주가가 상당히 올랐으니까 다른 투기꾼들도 이익 실현에 나서게 될 거야!"라고 인식하여 재빨리 이익 실현에 나섭니다.

이때 그들은 '가격의 움직임'만을 볼 뿐 '가치와 비교한 가격'이라고 하는 관점에서 보려고 하지 않습니다. 주가를 담보해 주는 주주가치의 증감에 대해 전혀 알지 못하는 사람들에 의한 일시적인 주가 상승으로 인해 형성된 가격에 누군가 다른 사람들에게 팔아치우려고 하므로 결국 '올드 메이드 게임(Old Maid Game)'[8]이 되고 마는 것이지요.

당연한 이야기이지만 사는 사람(즉 매수 주식 수량)이 많고 파는 사람(즉 매도 주식 수량)이 적다면 주가는 상승합니다. 또 그 반대의 경우도 같은 원리가 적용되지요. 그 결과 미인선발투표 참여자가 늘어나게 되면 가치와 가격이 괴리되는 순간도 늘어납니다.

은행계좌를 예로 들어 설명하겠습니다. 연이율 10퍼센트 복리 이자를 얻을 수 있는 은행계좌가 있다고 가정해 보겠습니다. 이 계좌에 현재 1천만 원의 예금이 들어 있습니다. 그리고 같은 조건의 은행계좌를 누구든지 수수료 없이 개설할 수 있다고 해 보겠습니다. 이 계좌의 권

---

8 올드메이드게임: 게임이 끝나기 전에 퀸 카드(queen card; 올드메이드)를 다른 사람에게 넘겨야만 승자가 되는 카드놀이이다.

리를 얼마에 구매하겠습니까? 1천1백간 원이라면 구매하겠습니까? 구매할 리가 없겠지요. 왜냐하면, 1년 뒤에 1천1백만 원의 가치가 되는 투자대상을 지금 시점에서 1천1백만 원에 구매한다면 적어도 1년 동안은 이자가 제로이기 때문이지요.

그렇다면 1천만 원이라면 구매하겠습니까?

구매할 합당한 이유가 없습니다. 왜냐하면, 이 계좌의 현재가치는 틀림없이 1천만 원으로 그 이상도 그 이하도 아니므로 같은 1천만 원이라면 구매할 어떤 이유도 없지요. 반드시 10퍼센트의 이자가 필요하다면 그 1천만 원으로 같은 조건의 계좌를 새로 개설하면 될 것입니다.

그렇다면 9백9십만 원이라면 구매하겠습니까?

구매한 순간 1십만 원을 벌 수 있기 때문에 구매하는 사람들도 있을 것이고, 고작 1십만 원(이율로 보자면 1천만 원 ÷ 9백9십만 원 − 1 = 0.01, 즉 1퍼센트 정도)이라면 다른 투자기회에 투자할 것입니다.

설명을 위해 계좌의 '가격'을 제 마음대로 몇 개를 제시해 보았습니다. 그런데 시장은 우리가 생각한 대로의 가격을 제시해 주지 않습니다. 가치를 무시한 '미인선발투표 참여자들' 덕분에 '단기적으로는' 3천만 원의 가격이 붙는 경우도 있고, 1천만 원의 가격이 붙는 경우도 있고, 때로는 5백만 원의 가격이 붙는 경우도 있게 되지요. 이렇게 변덕이 심한 주식시장을 'Mr. Market'[9]이라고도 합니다.

여러분은 '가격과 가치'의 관계를 보고 있는데, 계좌의 가치가 1천만 원이라는 사실을 잘 알고 있으면서도 '모두가 투표할 것만 같은' 뉴스나 주가차트 형태만을 보고서 미인선발투표 때문에 형성된 3천만 원의 가격에 손을 대겠습니까? 절대로 그렇지 않을 것입니다.

그래도 시장에 미인선발투표 참여자들이 있는 한 3천만 원이 다시 4천만 원이 되는 일도 없다고는 할 수 없지요. 하지만 이제 가치산정에 대해 이해하고 있는 여러분은 그 계좌의 현재가치가 1천만 원이라는 것을 알고 있으므로 손을 대기가 두려울 것입니다.

또한 반대로 '미인선발투표 참여자'들 덕분에 '단기적으로' 5백만 원이라는 가격이 붙었을 때 모두가 흥미를 보이지 않을 것이라는 이유만으로 구매를 포기하겠습니까? 다른 사람들이 흥미를 보이든 보이지 않든 저라면 무조건 구매할 것입니다.

왜냐하면, 구매한 순간에 적어도 5백만 원의 '내재 이익'이 생겨나기 때문이지요. 시간이 지나 설령 그 계좌의 가격이 상승하지 않더라도 확실히 제가 가진 계좌의 경제가치는 구매한 순간의 이익뿐만 아니라 추

---

9 미스터마켓(**Mr. Market**): 가치투자의 대가이자 워런 버핏 스승이었던 벤저민 그레이엄(Benjamin Graham)은 주식시장을 Mr. Market이라는 인물로 비유하였다. Mr. Market이라는 주식시장은 매우 변덕스럽기 때문에 자칫 시세에 휘둘리다 보면 손해 보기 쉽다는 말이다.

가로 (아무것도 하지 않더라도) 매년 10퍼센트의 복리로 이익이 늘어날 것입니다. 1년 뒤에는 1천1백만 원의 가치가 되고, 2년 뒤에는 1천2백1십만 원, 10년 뒤에는 2천5백9십만 원, 20년 뒤에는 6천7백3십만 원으로 가치가 복리로 계속해서 올라가게 되는 것이지요.

이렇게 투자대상의 가치산정을 간략히 하면 누구라도 가치에 대해 이해할 수 있을 것입니다. 가치산정을 이해할 수 있는 사람이 많아지면 3천만 원의 가격에 투자하는 사람도 줄어들 테지요.

만약 모든 투자자가 가치에 관해 이해한다면, 즉 시장이 완전히 효율적이라면 이 계좌의 가격은 정확히 1천간 원에서 전혀 움직이지 않을 것입니다. 예를 들면 공개매수 가격이 공표될 경우처럼 가격의 근거를 쉽게 알 수 있을 때는 그 가격 근처에서 주가가 움직이지 않게 되지요. 그러고 나서 서서히 1년에 걸쳐 1천1백만 원까지 상승할 것입니다. 결과적으로 이 계좌에 투자한 사람들은 투자대상이 만들어내는 경제가치 (이 경우 매년 10퍼센트의 복리 이자) 정도의 이익을 얻게 되지요.

그런데 현실적으로는 미인선발투표에 현혹되어 '가치에 대한 인식이 없는 사람'이 다수 존재하기 때문에 가격이 1천만 원으로 고정되는 일은 없습니다. 미인선발투표로 날을 지새우는 사람들로 인해 이 계좌의 가격은 '단기적으로는' 3천만 원이 되기도 하고 5백만 원이 되기도 하지요. 가령 그러한 사람들 덕분에 5백만 원이라는 가격이 붙게 되었을 경우에 가치산정이 가능한 사람이라면 기쁜 마음에 얼른 구매할 것입니다. 그리고 구매한 다음에는 시장가격이 조금 오르든 내려가든 상관없이 팔지도 않고 사지도 않을 것입니다.

　즉 'Mr. Market'에 놀아나지 않는 것이지요. 왜냐하면, 5백만 원이라고 하는 가격으로 손에 넣은 그 계좌는 가격이 어떻게 바뀌든 상관없이 그 시점에 이미 1천만 원의 내재한 가치가 있기 때문입니다. 결국, 가치에 대해 알지 못하는 사람에 의해 만들어진 '가치보다 상당히 싼 가격'으로 가치를 알고 있는 사람의 손에 그 권리가 옮겨가지요.
　그 결과 이와 같은 사람(가치투자자)이 그 계좌의 권리를 차지하면 그들은 가치보다 가격이 균형을 이룰 때까지 팔지 않기 때문에 파는 사람이 줄어듭니다. 그리고 파는 사람이 줄어들면 가격은 상승하여 결국 가치에서 벗어나지 않는 가격으로 움직일 가능성이 커지지요.
　1년 뒤에 이 계좌의 가치는 1천1백만 원이 될 것입니다. 가치산정이 가능한 사람들이 이 투자대상에 관심을 보이게 되면 가격도 1천1백만 원 전후에서 형성될 것입니다.

　그렇다면 가치산정을 할 수 있는 여러분이라면 1년 뒤에 1천1백만 원에 이 계좌를 팔겠습니까?
　만약 10퍼센트 복리 이상의 이익을 얻을 수 있는 다른 투자대상을 이 계좌와 같은 수준의 투자 리스크로 찾아낼 수만 있다면 저는 팔겠습니다. 하지만 적절한 투자대상이 없다면 팔지 않겠습니다. 지금처럼 그냥 갖고만 있어도 매년 10퍼센트의 복리로 운용할 수 있기 때문이지요.

지금까지 살펴본 사례는 은행 계좌라고 하는 매우 간략한 투자대상이었지만 여러분이 기업에 대해 이것과 비슷한 정도로 가치를 산정할 수 있다면 그래도 미인선발투표에 참여하겠습니까? 아니면 가치투자를 하겠습니까? 중요한 것은 실제로 기업에 대해 가치평가를 할 수 있는 지식과 기술을 갖고 있는가 아니면 갖고 있지 않은가 하는 점입니다. 이것이 바로 투자의 성패를 가르는 중요한 사항이지요.

미인선발투표 참여자들 덕분에 '가치보다 상당히 싼 가격'이 책정되는 경우가 있으므로 미인선발투표 참여자들의 존재는 가치산정이 가능한 사람에게 있어서 매우 행복한 일입니다. 경제가치는 가치산정이 불가능한 사람들로부터 가능한 사람에게로 너무 쉽게 이전해 갈 테고요.

즉 가치를 측정할 수 있는 저울이 없는 수많은 시장 참여자의 시각과 자신의 시각이 다르므로 '(자신이 생각하기에) 가치보다 싼 가격'으로 주식을 손에 넣을 수 있습니다. 그리고 그 결과 자신의 예측이 일치한다면, 즉 저울에 문제가 생기지 않는다면 그 두의 가격은 가치와 균형을 잡아갈 것입니다. 자신의 '저울'을 믿을 수 있다면 '자신이 정말로 미인이라고 생각하는 사람'에게 투표한 뒤에 얼마 동안 그대로 놔두면 됩니다.

워런 버핏이 다음과 같은 말을 했습니다.

"시장은 단기적으로는 인기투표의 장이 될 수밖에 없다. 하지만 장기적으로는 기업의 진정한 가치를 측정하는 저울 역할을 해 준다."

2007년부터 표면화된 금융위기의 영향으로 세계 각국의 주가가 내려간 적이 있습니다. 이것을 보고 "주식을 살 거면 바로 지금이 적기다!"라고 생각하는 사람도 분명 많았고요. 하지만 그 당시의 주가 하락은 미인선발투표에 의한 주가 하락이라는 측면도 있었지만 동시에 기업의 미래 실적 전망 악화가 원인인 것도 있으므로 가치 측면에서도 상당한 하락이 있었던 것입니다.

주가차트 분석(가격추이평가)만을 본다면 '상당히 내려갔다'고 볼 수 있지만, 동시에 주가를 담보해 주는 '주주가치'도 상당히 내려간 상태이기 때문에 단순하게 주가차트에서 주가가 내려갔다고 해서 주가가 싼 편이라고 단정 지을 수는 없는 상황입니다.

어떤 개별기업의 주주가치 하락보다 더 주가가 하락해 있는 때에만 싼 편이라고 평가할 수 있지요. 따라서 가치산정을 할 수 없다면 주식에 손을 대서는 안 됩니다.

주식이든 자동차든 주택이든 그 가치를 '이해하지 못하는 것'에 여러분의 소중한 돈을 절대 투자하지 마세요.

미인대회이론

1930년대 대공황에 대한 해법으로 유명한 경제학자 존 메이너드 케인즈는 개인 투자에도 매우 적극적이었습니다. 그는 주식 투자에 경제학 지식을 동원해 논리적으로 접근하다 여러 차례 실패한 후 현재까지 통용되는 '미인대회이론(Beauty Contest Theory)'를 정립하였습니다.

이와 관련하여 소위 '신문사의 미인선발대회'도 많이 언급됩니다. 당시 유행하던 미인대회는 미스코리아 선발 방식과 매우 달랐습니다.

미녀들의 사진을 신문에 게재하고 독자들에게 입상 후보를 선택하게 하여 우승자를 알아맞힌 사람을 추첨해 상금을 줬습니다. 그래서 상금을 타기 위해서는 독자 자신이 예쁘다고 생각하는 미녀보다 다른 사람들이 예쁘다고 인정할 것 같은 미녀를 선택해야 했습니다.

20세기 초 영국에서도 100명의 사진을 보고 6명의 미인을 선발하는 대회가 있었습니다. 이중 심사위원 전체의 의견에 가장 가까운 선택을 하는 심사위원에게 상을 줬는데, 이 경우에도 평균적이고 객관적인 의견이 무엇일지 판단하는 것이 중요했습니다. 실제로 영국의 미인대회

결과가 대부분 이렇게 정해졌습니다.

케인즈는 주식 투자도 자신의 취향보다는 다른 사람들이 좋아할 만한 종목을 사야 한다는 사실을 간파했습니다. 그러기 위해서는 군중심리의 이동선 파악이 중요한데, 그는 객관적으로 좋은 회사를 골라내기 위해 주식시장의 왕도를 보는 것이 아니라 시장참여자의 심리를 잘 읽어내는 자세가 필요하다고 주장했습니다.

주식과 관련해 미래의 이익과 배당금은 아무도 알 수 없고 따라서 그것을 계산해내기란 불가능하기 때문이지요. 케인즈는 주식시장 등에서 '논리'보다는 '심리'가 중요하다는 혁명적인 발언을 한 셈입니다. 즉 군중의 심리를 파악하여 군중보다 먼저 주식을 사는 길이 돈을 버는 길이라는 의미입니다.

회사의 가치나 내용보다는 오히려 투자하고 있는 군중들의 심리가 향후 어떻게 변할 것인가, 낙관적인 분위기 속에서 기대감이 어떻게 거품을 만들어 낼 것인가 하는 데 관심을 더 가진다는 것입니다. 주식을 어떤 가격에 사는 것은 다른 사람들이 그 주식을 자신이 산 가격보다 높게 사 줄 것이라는 군중심리 때문인데, 이것을 '바보이론(The Bigger Fool Theory)'이라고 부릅니다. 바보이론은 예를 들어 가치의 10배로 살 사람(바보)을 찾을 수 있다면 5배로 사도 괜찮다는 것입니다.

이렇듯 주식을 살 때 구매자에게는 미인선발대회의 투표 방식과 같이 군중을 따라가는 심리가 조장되어 있습니다. 바보를 찾아 눈치껏 빨리 행동하는 것이지요. 남들보다 한 발짝 빠른 행동도 중요하지만 가치를 이해하지 못한 채로 전진하는 것은 큰 실수임이 틀림없습니다.

하나의 면만 보고 휩쓸리면 많은 것을 잃기 쉽습니다. 시장이 어떻게 운영되는지에 대한 감각은 깨우고 있되, '본질적 가치'에 집중해야겠습니다.

회사는
누구의 소유인가?

하수 "회사는 주주의 것이다!"라면서 기업의 주주 입장에서 본 측면만 이해하는 사람

고수 "회사는 물건이 아니라 시스템이다!"라면서 기업의 사회 가치를 인식할 수 있는 사람

"회사는 누구의 것인가?"라고 하는 조금은 우스운 그러나 아무 의미 없는 화젯거리가 경제 시장에서 유행했던 적이 있습니다.

이러한 논의의 주제를 설정할 때에는 그 주제 자체가 '표현'으로서 이 상하지 않은지 반드시 생각해 봐야만 할 것입니다. 그리고 질문에 대한 의견을 피력하기 이전에 질문 그 자체를 이해해야 합니다. 무릇 그 질

문이 뜻하는 바가 무엇인지를 알지 못하면 의견을 낼 방법이 없으니까요. '회사'라고 하는 것은 가치를 만들어 내고 그것을 이해당사자들에게 분배하기 위한 '시스템'이지 결코 어떤 '물건'이 아닙니다. '물건'이 아니므로 "누구의 것인가?"라고 하는 질문은 그 자체가 아무 의미가 없는 것이지요.

그렇다면 회사라고 하는 시스템은 무엇일까요? 손익계산서 항목에 따라 설명하겠습니다.

> **고객은 상품을 받는 대신에 대금을 지급합니다**(매출액).
> **거래처는 원자재를 제공하는 대신에 대금을 받습니다**(매출원가).
> **직원은 노동력을 회사에 제공하는 대가로 임금을 받습니다**(판매관리비).
> **여기까지**(= 매출액−[매출원가−판매관리비])**가 영업이익이 됩니다.**

> **채권자는 회사에 돈을 융자해 주는 대가로 이자를 받습니다**(지급이자 = 자본비용의 유이자부채 부분).
> **여기까지**(=영업이익−유이자부채의 이자)**가 경상이익이 됩니다.**

국가는 기업의 법인격(法人格)을 인정해 주고 공공서비스를 이용하는 대가로 기업으로부터 세금을 받습니다. 그리고 이상과 같은 분배를 하고 회사가 가치창조를 계속해 나가는 데 필요한 '투자'를 행하고 난 결과 마지막으로 남은 '돈'이 바로 투자자에게 귀속되는 돈, 흔히 이야기하는 잉여현금흐름(FCF; Free Cash Flow)이 되는 것이지요. 또한 경영자라는 존재는 지금까지 살펴본 바와 같은 시스템 안에서 '효율적으로 가치창조를 해낼 수단을 생각하고 실행하며 수익을 분배하는 일'을 담당한 사람입니다. 이 '시스템'을 '회사' 또는 '기업'으로 표현하지요.

다시 한 번 강조하지만 회사는 '물건'이 아니라 '시스템'입니다. 따라서 "회사는 누구의 것인가?"라고 하는 질문은 그 자체로 봤을 때 아무런 의미도 없습니다.

> "잉여현금흐름은 누구의 것인가?"라고 묻는다면 "그것은 투자자들의 것이다!"라고 대답할 수 있습니다.
> "주주총회 의결권은 누구의 것인가?"라고 묻는다면 "그것은 주주들의 것이다!"라고 대답할 수 있습니다.
> "이사회 의결권은 누구의 것인가?"라고 묻는다면 "그것은 이사들의 것이다!"라고 대답할 수 있습니다.
> "이사를 선발할 권리는 누구의 것인가?"라고 묻는다면 "그것은 주주의 것이다!"라고 대답할 수 있습니다.

하지만 "직원은 누구의 것인가?"라고 묻는다면 대답할 수 없어집니다. 직원이 없다면 회사는 가치창조를 해낼 수 없으니까요. 회사는 물건이나 먹는 음식이 아니므로 "누구의 것일까?"라고 아무리 생각해도 어떤 답도 찾을 수 없습니다.

주식회사 탄생 이야기

급등락을 반복하는 증권시장에서 개인투자자들이 패자가 되지 않으려면 증권시장의 속성을 잘 파악해야 합니다. 현재 경제 지표를 아는 것이 중요한 만큼 증권시장의 역사를 공부하는 것 또한 증권시장의 속성을 파악하는 주요 수단이지요. 과거 증권시장을 보면 매일 새롭게 변하는 것 같지만 끊임없이 폭등과 폭락을 반복하는 특정 공통점을 확인할 수 있습니다. 반복된 패턴 속에서 미래 증시 방향과 주식 투자의 법칙을 알 수 있지요. 앞으로의 상황 판단에 대한 훌륭한 길잡이라고 할 수 있습니다.

지금부터 주식시장이라는 숲에서 더욱 깊숙이 들어가 숲을 이루는 주식회사라는 나무를 살펴보려고 합니다. 그 나뭇가지인 주식회사의 유래와 탄생 배경, 특징에 대해 알아봅시다.

주식회사가 생겨날 당시, 유럽에서는 동양의 향신료(후추, 계피, 육두구, 정향 등) 열풍이 불었습니다. 그때 후추 한 줌의 가격은 무려 돼지 15마리,

승마용 말 3마리, 사파이어 반지 2개에 버금갈 정도였는데요. 값이 비싼데도 그토록 구하는 데 공들인 이유는 향신료가 고기를 보관하면서 생기는 냄새와 맛을 잡아주는 데 큰 역할을 했기 때문입니다.

그래서 유럽에서는 동양과 무역을 시작합니다. 엄청난 돈을 벌 수도 있고, 향신료를 비롯하여 각종 물건을 싸게 구할 수 있기 때문이지요. 기업이 없던 시절에 유럽인들은 상인-선주-선장 동업구조로 무역을 했습니다. 상인 입장에서는 배를 임대하는 것이고, 선장과 선원이라는 서비스를 구매하는 방식이지요.

하지만 이러한 동업은 어려울 수밖에 없었습니다. 그 당시에는 바람을 통해서 배를 움직였는데 그 시기를 잘 맞춰야 했습니다. 그래서 상인이 선장과 선주를 구하는 시기가 조금만 늦어지고 어긋나면 그해의 무역은 포기해야 하는 실정이었습니다. 또한 자연재해나 무역풍, 해적에게 침략당하는 등 수많은 위험 요소도 무시할 수 없었지요.

그래서 상인 입장에서는 직원을 고용하는 편이 나았을 것입니다. 따라서 동업구조 대신 기업운영 체제로 바뀌었습니다. 상인들은 기업을 설립했고, 이 기업들이 정부에 의해 통합되면서 나타난 것이 '네덜란드 동인도회사'입니다. 이것이 1602년에 설립된 최초의 순수 주식회사이지요.

한국 최초의 주식회사인 조선은행 건물

그렇다면 우리나라의 경우는 어떨까요? 한국 최초의 주식회사는 1896년에 설립된 조선은행(1901년 폐점)입니다. 그 뒤를 이어 주식회사와 금융기관 설립이 잇따랐습니다. 이들은 대부분 주식 모집 방법으로 설립되었는데요. 1909년에 모집하여 설립된 한국은행과 경성주식현물거래소의 예를 살펴보겠습니다.

한국은행은 1910년 경술국치 이후 조선은행으로 명칭을 변경(1911년 8월)하였습니다. 주로 재한일본인들이 주주가 되었는데, 정책적으로 조선에 이주한 일본인에게 우선 배정하였기 때문입니다.

주식거래는 1900년대 초부터 조금씩 활기를 띠어가기 시작합니다. 1905년에 실시한 정부의 화폐정리사업으로 화폐가 부족해지자 자금이 모자란 자산가와 사업가들이 보유주식을 매각하면서 주식거래가 빈번하게 이루어지기 시작했습니다. 1908년에는 일본인이 주식거래를 중개할 목적으로 유가증권 문옥(問屋, とんや; 도매상)을 개업합니다.

이후 1911년 4월에는 경성유가증권문옥조합을 결성하여 비록 점두거래이긴 하지만 특정 시간과 장소에서 주식거래가 이루어지는 체계를 마련하였습니다. 시세는 일본 오사카거래소를 기준으로 삼았는데, 처음으로 '주식시세표'를 작성해 배포하였습니다.

1920년 5월에는 한국 최초의 증권거래시장인 경성주식현물거래소가 개설되었습니다. 거래 종목은 대부분 일본 도쿄거래소와 오사카거래소의 상장주식이었고, 한국주식으로 거래된 주종목은 경취주(경성주식현물 취인시장주)였습니다.

한국기업도 많이 생겨나 거래가 제법 이루어졌습니다. 1918년 조선식산은행과 조선방직이 설립되었을 때는 주가가 큰 폭으로 상승하기도 했지요. 경성주식현물거래소가 설립된 이후 조선인 투자자들도 일본인 투자자들과 어깨를 견줄 만큼 성장했습니다. 그러나 1923년 관동대지진, 1927년 금융공황, 1929년 세계 대공황 등이 연이어 발생하면서 일본경제가 침체하자 식민지 조선의 경제도 큰 타격을 받았고, 주식거래 또한 부진을 면치 못했습니다.

'배당 = 주가상승'이라는 착각

하수 배당이자 몇 퍼센트에 눈을 돌리는 사람

고수 큰 투자자에게 있어서 배당보다 훨씬 중요한 가치인 주주가치에 주목하는 사람

주식 배당금을 은행의 예금으로 바꿔서 생각해 보도록 하겠습니다.

이 계좌에 1천만 원을 예금합니다. 또는 1천만 원의 현금이 있는 계좌의 권리를 1천만 원에 구매하였다고 표현할 수 있습니다. 이 예금금리는 연이율 10퍼센트라고 가정하겠습니다. 이 계좌의 자금을 하나도 인출하지 않는다면 1년 뒤에 잔액은 1천1백만 원이 될 것입니다. 이 계좌의 가치가 1년에 10퍼센트 늘어나 1천1백만 원이 된 것이지요.

이렇게 늘어난 1백만 원을 인출하면(배당하게 되면) 이 계좌의 주인은 1백만 원을 자유롭게 사용할 수 있지만 다른 한편으로 이 계좌의 잔액은 1년 전의 1천만 원으로 되돌아갑니다. 이자에 해당하는 금액을 이미 인출했기 때문에 또다시 1년이 지나더라도 1천1백만 원이 될 뿐입니다.

이것을 반복하다 보면 해마다 1백만 원의 용돈을 손에 쥘 수는 있겠지만, 아무리 시간이 흐르더라도 이 계좌의 가치는 1천만 원과 1천1백만 원 사이를 왔다 갔다 할 뿐 전혀 늘어나지 않습니다.

반면에 최초 1년간 1천1백만 원이 된 계좌의 자금을 인출하지 않고 (배당하지 않고) 그대로 놔두면 다시 1년 뒤의 잔액은 1천1백만 원에 대해 또다시 10퍼센트의 금리가 붙기 때문에 1천2백1십만 원(= 1천1백만 원 × (1+0.1))이 되는 것입니다. 그리고 또다시 1년이 지나면 1천3백3십1만 원(= 1천2백1십만 원 × (1+0.1))이, 10년 뒤에는 약 2천6백만 원 정도로 늘어납니다. 즉 복리의 효과를 보게 되는 것이지요. 복리의 위력에 대해서는 이미 Lesson 14에서 알아보았습니다.

기업의 경우도 기본적으로는 이와 마찬가지입니다. 기업으로 바꿔 생각해 볼 경우에 앞에서 이야기한 계좌잔고는 주주가치 늑 주식시가 총액(= 주가 × 발행된 총 주식 수량)에 이르게 됩니다.

은행 계좌의 가치를 담보해 주는 것이 예금 잔액인 것처럼 주가를 담보해 주는 것은 기업의 주주가치입니다. 배당은 기업의 주주가치 일부를 덜어내는 것으로 이루어집니다. 따라서 주주가 배당금을 받는 만큼 주주가치는 떨어지지요.

　기업의 주식시가총액은 이 기업가치가 담보해 주고 있습니다. 또한 주주가치란 그 기업이 미래에 만들어 낼 것으로 예상하는 현금수지가 담보해 주고 있습니다. 다만 "배당을 받을 동안만 주주가 되고 싶다!"라고 생각하거나 "배당 = 주가상승"이라고 믿는 엉터리 투자자가 다수 존재하기 때문에 일시적으로는 주가가 상승하는 모습을 보입니다. 하지만 얼마 지나지 않아 주주가치에 합당한 주가수준으로 되돌아옵니다.

　따라서 성장단계에 있는 (앞에서 예로 언급한 은행 계좌처럼 복리 효과를 얻을 수 있는) 기업의 경우에 배당보다는 기업 내부로의 재투자를 통해 주주가치를 증대시키는 것을 목표로 하는 경영이 옳다고 할 것입니다.

　일반적으로 정상적인 경영자가 행하는 경영이란 주주들이 맡긴 자금을 효율적으로 사업에 투자하여 그 결과로 높은 수익을 실현하는 것이지요. 즉 높은 수익을 내는 신규 투자대상을 찾아낼 수 있다면 경영자는 기업 내부의 현금을 배당이라고 하는 형태로 주주에게 환원하지 않습니다. 그 대신에 기업 내부에서 재투자하여 미래의 실적을 상승시킴으로써 주주가치를 증대시키는 형태, 즉 주가상승으로 주주들에게 편익을 제공해야만 하는 것입니다.

하지만 경영자에게 매력적인 투자대상이 발견되지 않으면, 즉 높은 수익의 투자대상이 눈에 띄지 않으면 티로소 경영자는 배당이나 자사주 매입이라는 형태로 주주에게 환원해야만 합니다.

이상에서 살펴보았듯이 기업의 성장기에 배당하는 경영자, 기업의 성숙기나 쇠퇴기에 잉여자금을 주주들에게 배당하지 않는 경영자도 재테크의 하수입니다. 그리고 이렇게 하수가 경영하는 회사의 주식을 구매하는 개인투자자도 역시 하수라고 할 수 있지요.

워런 버핏이 경영하는 미국의 버크셔 해서웨이는 1967년에 유일하게 단 한 번 한 주당 10센트의 배당을 한 것을 제외하고는 지금까지 배당한 적이 없습니다. 신규 투자대상이 있는 한 그는 주주들에게 현금을 환원하지 않고 재투자를 함으로써 주주가치를 높여가고 있는 것이지요. 그 결과 버크셔 해서웨이의 주주가치는 최근 수십 년간 지속해서 상승하고 있습니다. 이 사실은 주식시가총액의 상승(주가상승)이라는 형태로 나타나고 있습니다.

한편 남아도는 현금을 재투자할 수 있는 대상을 찾아내기가 곤란한 상황을 맞이한 마이크로소프트는 2004년 그 상당 부분(무려 750억 달러)

을 자사주 매입과 배당을 함께 진행하여 주주들에게 환원하였습니다. 마이크로소프트도 버크셔 해서웨이도 모두가 매우 합리적인 경영(주주를 소중히 여기는 경영)을 하고 있다고 할 수 있지요.

참고로 미래에 받게 될 배당은 현재의 주주가치의 일부이기는 하지만 앞에서도 언급한 것처럼 그것을 배당한 순간에 배당한 만큼 주주가치는 떨어집니다. '배당 직전의 주주가치 = 배당금액 + 배당 직후의 주주가치'가 되는 것이지요.

돈은 아무 데서나 저절로 솟아나지 않습니다. 무언가를 얻게 된다면 그만큼 다른 무언가를 잃게 됨을 명심하세요.

돈 버는 배당 이야기

오랜만에 재회한 최하수와 김고수. 두 사람은 카페에 앉아 이런 저런 얘기를 나눈다. 경제 공부에 흥을 올리던 하수의 근황이 궁금했던 고수. 하지만 고수는 눈치만 보고 있다. 하수의 얼굴에 7득한 어둠 때문이다.

고수 그나저나 고민이 많다고 얼굴에 쓰여 있네. 무슨 일 있어?

하수 사실 얼마 전에 주식 투자를 직접 해봤어. 알다시피 지금은 금리 1퍼센트의 초저금리 시대잖아. 은행에 예금해도 수익도 별로 없고, 이걸로는 도저히 한방역전을 노릴 수가 없겠는 거야. 그래서 답답한 마음에 그만……. 섣부른 판단을 한 거지.

고수 그랬구나. 결과는 안 봐도 알겠네. 실적이 왠지 예상 되는걸…….

하수 네 생각이 맞아. 처참하게 깨졌어. 한 번 실패를 경험하니까 섣불리 다른 투자를 못 하겠지 뭐야. 재테크를 어떻게 해야 될지 머릿속이 하얗기만 해. 주위에서 배당 투자나 배당 펀드가 안전하다는 말을 해줬는데 아는 게 없으니 원……. 나는 일단 배당이 뭔지도 모르니까.

고수 단어의 개념을 모르니 무엇이 맞는 말인지 판단할 수도 없었겠네.

하수 맞아. 그래서 말인데……. 배당에 대해 알려줄 수 있어? 지난번에 금리에 대한 설명을 들었을 때도 많은 도움이 됐거든. 무턱대고 덤비면 안 된다는 교훈을 얻었으니, 이젠 정보를 충분히 숙지하고 분석한 다음에 도전해볼까 싶어서.

고수 그래, 좋은 생각이야. 모르는 걸 덮지 않고 질문하는 것은 훌륭한 습관이라고 생각해. 이번에도 쉽고 간단하게 설명해 줄게. 우선 '배당'이라는 단어의 기초적인 뜻부터 알아야 할 것 같아.

'배당'이란 기업이 일정 기간 영업활동을 하여 발생한 이익 중 일부를 주주들에게 나눠 주는 거야. 주주에게는 투자수익 면에서, 기업들이나 경영자에게는 경영정책적인 면에서 매우 중요하지. 기업은 배당할 수 있는 이익이 있을 때만 배당할 수 있어. 따라서 이익을 많이 내는 회사일수록 배당금을 많이 나눠주지. 지난해 배당을 많이 했더라도 올해 실적이 나빠지면 배당금이 없거나 낮아지기도 하지.

하수 그런 거였구나. 그러면 혹시 배당에도 여러 종류가 있어?

고수 배당은 두 가지, 즉 현금배당과 주식배당으로 나눌 수 있어.

먼저 현금배당에 대해 알려줄게. 현금배당은 이익을 기존 주주에게 주식을 보유하고 있는 비율만큼 현금으로 나눠주는 거야. 그만큼 현금이 회사 밖으로 빠져나가는 단점이 있지. 주주 입장에서는 직접 돈을 받는 것이어서 위험부담이 전혀 없어 좋고, 회사 입장에서도 수익 일부를 직접 돈으로 주는 만큼 현금 흐름에 대한 자신감을 보여주는 것으로 비칠 수 있어 신인도 제고에도 도움이 될 수 있어. 하지만 재무구조가 탄탄하지 못할 경우 현금 배당은 자칫 회사의 재무위험을 높이는 원인이 되기도 해.

그 다음 주식배당은 현금이 아닌 주식으로 이익을 나눠 주는 거야. 새로 주식을 발행하는 것(증자)이어서 현금유출이 없고 주식 증가로 자본금이 늘어나 재무구조 개선에 도움이 되지. 주식으로 지급하는 배당금은 자본금에 합산할 수 있어서 결국 주식배당금액에 상당하는 금액의 무상증자 효과를 얻을 수 있어. 그러나 기업 입장에서 주식배당은 당장 자금 유출은 없지만 주식수의 증가로 인해 장래 더 큰 배당압력을 받을 수 있다는 점을 알아두면 좋아.

하수 각각의 장단점이 확실하네. 특징만 알면 이해하기 쉽겠는걸!

고수 그렇지. 하지만 배당 절차는 그리 간단하지 않아. 주주들에 대한 배당은 정기 주주 총회(즈총)에서 최종 결정되고, 주총

승인을 받은 후 주주들에게 배당금이 지급되는 구조야. 주식
배당의 경우 주총 후 주식시장에 상장되고, 결산기 말 15일
전까지 거래소 공시를 통해 예고해야 되지. 이러한 절차 때문
에 배당투자로 배당금을 손에 쥐기까지 소요되는 시간은 대
략 4개월가량이야.

하수 생각보다 복잡하네. 그렇게 많은 절차를 거쳐야 하는지 몰랐
어. 이왕 얘기 나온 김에 하나만 더 물어볼게. 언뜻 '중간배
당'이라고 말했던 걸 들은 것 같긴 한데……. 이건 다른 성질
이야?

고수 중간배당은 회사의 실적이 좋다는 것을 전제로 해. 중간배당
의 재원은 직전 결산기의 순자산액에서 자본금, 법정준비금,
배당금, 중간 배당에 따라 적립해야 할 이익준비금 등을 뺀
금액이야. 따라서 중간 배당을 한다는 것은 그동안 실적이 좋
았던 것은 물론 향후 실적도 좋으리라는 것과 "주주중시경
영"을 한다는 것을 동시에 보여주는 훈장 역할을 하지.
경영실적이 주가에 밀접하게 반영되고 주주들의 주식 투자도
시세차익보다는 배당을 중시하게 돼서, 우량회사는 주식시장
에서 값싼 자금을 조달할 수 있어.

하수 그럼 좋은 점만 있는 건가?

고수 장점만 있다고 생각하면 오산이야. 중간배당이 실제로 이루

어지는 경우에는 현금유출이 일어나 일시적으로 기업의 재무 구조가 나빠지게 돼. 배당금으로 지급하는 금액에 대한 이자 부담이 발생하게 되는 것이지. 실적호전을 예상하고 중간배당을 했는데 상황이 나빠져 실제르는 손실을 보는 경우도 있어. 그러나 장기적으로는 긍정적 효과가 훨씬 커. 중간배당제는 한 회기에 두 번 배당을 하고, 또 중간배당을 위해 중간 결산 및 분기결산이 정확하게 이루어지게 돼서 회사의 경영 투명성이 높아지기 때문이지. 결산기말이 지난 뒤에 당기 배당을 받을 권리가 없어진 주가의 상태야. 당해 회사가 지정한 날짜에 배당수령 권리확정을 위한 명의개서(명의변경) 정리를 하는데 이날을 지나 주주가 된 사람은 배당금을 받을 권리가 없어. 결국 결산일 다음 날의 주가는 전 날보다 배당에 상당한 몫만큼 하락하지.

하수 단번에 이해하긴 어렵지만, 역시 귀에 쏙쏙 박히는 설명이네. 금리 때도 그렇고 친절하게 알려줘서 너무 고마워!

고수 그렇게 생각해 주면 나야 고맙지. 이제 배당을 알았으니 앞뒤 가리지 않고 투자하는 태도는 좋지 않다는 걸 알아줬으면 해.

LESSON 37

마법사에게 비는
세 가지 소원

하수   오랜 고민 끝에 '막대한 돈', '영원한 건강', '사회의 안전' 같은 것들을
비는 사람

고수   "소원은 단 하나로 충분합니다. 저를 마법사로 만들어 주십시오!"라
고 비는 사람

질문 하나 드릴게요. 여러분이 가진 재산은 무엇입니까?

첫째, 은행 예금. 여러분 모두 갖고 있지요?

둘째, 일하고 있는 회사의 주식. 이것도 갖고 계신 분이 있을 것입니다. 경영자라면 더 말할 필요도 없겠지요.

셋째, 국채. 글쎄요?

넷째, 순금에 보석. 정말 대단하십니다.

다섯째, 자녀. 무엇과도 바꿀 수 없는 재산이지요.

여섯째, 집. 예? 잠깐 기다려 보세요. 그 집이 정말로 여러분 소유가 맞나요? 은행의 35년짜리 담보 대출이라고요? 그것도 앞으로 25년이나 상환이 남아 있다고요? 그렇다면 그 집은 여러분의 재산이 아닙니다. 그 대출을 모두 갚을 때까지는 채권자인 금융기관의 것이지요.

저는 15년 전에 파산하여 경제적으로 정리한 경험이 있습니다. 그로부터 10년 정도 지난 지금은 재산이 어느 정도 늘어났지요. 다만 한 번 파산한 경험이 있는 저로서는 재산을 '소유한다'고 하는 것이 큰 스트레스로 다가옵니다. 왜일까요?

일단 소유한 재산이 줄어들지 않게 하려고 그리고 재산을 잃지 않기 위해서 상당히 많은 신경을 써야만 하기 때문입니다. 바로 그 점이 매우 귀찮습니다. 그래서 차도 몇 년 전부터 타고 있는 중고차이고, 집도 저의 것이 아닙니다. 부모님과 함께 살고 있습니다. 하지만 저에게는 아무에게도 빼앗기지 않을 절대로 잃어버릴 일이 없는 재산이 있습니다. 무엇일 것 같나요?

그것은 바로 제 자신의 '지식과 경험'입니다. 지식과 경험만 있다면 부와 행복을 만들어 낼 수 있기 때문이지요. 마법사에게 소원을 빌어

1천억 원의 현금이 생겼다고 가정해 보겠습니다. 자, 어디에 쓸 건가요? 하지만 1천억 원이 생기면 오히려 쉽게 쓰기 어려울 것입니다. 그렇다면 이 1천억 원이 어떻게 해서든 줄어들지 않도록 다양한 방법을 생각하겠지요.

조금 더 어려운 표현으로 그 1천억 원이 현 시점에서 갖고 있는 가치(현시점에서 교환할 수 있는 현물가치)를 유지하고자 노력하는 것이지요. 이것이 사람의 일반적인 습성입니다.

하지만 1천억 원의 가치를 유지하는 것은 결코 쉬운 일이 아닙니다. 물가 상승을 초과하는 운용을 생각해야만 하니까요.

그렇다면 어떻게 운용하면 좋을까요? 은행, 증권, 국채 ……. 1천억 원의 가치를 유지하기 위해 여러 가지를 생각해야 합니다. 정말 귀찮은 일이지요. 게다가 전혀 창조적이지도 않은 일이기 때문에 재미도 없고요. 그런데 여러분에게 필요한 만큼 돈을 벌 수 있는 정도의 '지식과 경험', 즉 '능력'이 있다면 그런 걱정은 필요 없겠지요. 노후를 대비해 약간의 저축만 해 둘 정도면 충분하기 때문입니다.

그렇게 생각하면 미래에 대한(적어도 경제적인) 불안을 해소하기 위해서는 '많은 재산'을 소유하는 것이 정답은 아닙니다. 오히려 '언제든지 벌 수 있는 지식과 경험 = 능력'을 갖는 것이 더 이치에 합당하다고 할 수 있을 것입니다.

　이러한 점을 인식하게 된다면 사물을 바라보는 관점도 바뀌게 되고 인생을 즐기는 법도 바뀌게 되는 것이지요.

　단기간의 '투자정보'를 사는 것보다도 '기업의 비즈니스 모델을 분석하고 가치를 산정하는 능력'을 갖추는 것이 올바른 투자를 위해 더 중요합니다. 상품의 '가격 변동'에 주목하기보다는 그 상품의 '가치'에 주목하는 것이 경제적으로 더 성공할 수 있습니다. '고가의 차'를 소유하는 것보다는 차의 능력을 100퍼센트 즐길 수 있는 '운전기술'을 보유하는 것이 훨씬 더 즐거운 자동차 생활을 만끽할 수 있습니다. '멋진 이성을 돈의 힘으로 혼자서 차지'하기보다는 '멋진 이성과 언제라도 사랑에 빠질 수 있는 능력'이 있는 편이 언제든지 연애를 즐길 수 있을 것입니다. 결국 우리가 가져야 하는 것은 돈이 아닙니다. 아무에게도 빼앗길 염려가 없는 여러분의 머릿속에 갖춰진 '지식과 경험 = 능력'인 것입니다.

　자, 이제 앞에서 기술한 마법사 이야기가 이해되지요? 우리가 마법사에게 갖게 해 달라고 빌어야 할 것은 결코 물건이나 돈이 아닙니다. 두말할 필요도 없이 그것은 바로 능력입니다.

　따라서 마법사에게 세 가지 소원을 빌 수 있다고 한다면 "소원은 하나로 충분합니다. 저를 마법사로 만들어 주십시오."라고 대답하는 사람이 '고수'입니다.

다음은 정말로 마법사를 만나면 제가 나눌 대화를 예상해 보았습니다.

> **마법사:** 오, 마법사가 되고 싶으시군요. 왜 그렇게 생각하시지요?
>
> **나:** 마법사가 되면 저와 다른 사람들을 행복하게 해 줄 수 있기 때문입니다.
>
> **마법사:** 그렇군요. 그렇다면 왜 당신과 다른 사람들을 행복하게 해 달라고 빌지 않는 거지요? 그렇게 빌면 더 쉬울 텐데요…….
>
> **나:** ???

즉 '마법사가 된다'고 하는 것은 실은 하나의 수단에 지나지 않았던 것입니다. 앞으로는 만약 마법사에게 소원을 비는 것이 허락된다면 틀림없이 "저와 다른 사람들을 행복하게 해 주십시오!"라고 빌 것입니다. 그 이상의 소원 같은 것은 없으니까요. 대화는 다시 이어집니다.

> **마법사:** 알겠습니다, 주인님. 그렇다면 당신을 행복하게 해 드리지요.
>
> **나:** 예? 정말로 마법을 베풀어주시는 것입니까?
>
> **마법사:** 물론입니다. 그럼 걸겠습니다.

나: ……. 어, 아직 멀었습니까?

마법사: 아니오. 벌써 걸었습니다.

나: 예? 그런데 아무것도 바뀐 게 없는데요?

마법사: 자, 묻겠습니다. 당신은 지금 행복하십니까?

나: 예, 뭐……. 이 상태가 행복이라면 행복합니다만 …….

마법사: 그것 보세요. 벌써 마법이 걸렸잖아요.

나: 예? 이게 마법이라고요?

마법사: 그렇습니다.

이런 식으로 마법은 이미 이 세상에 존재하고 있었습니다. 그것도 우리 마음속에 말입니다.

빙산 속에 숨겨진 보물

살면서 오감을 통해 경험하는 것들은 사실 극히 일부분입니다. 애석하게도 우리에게는 사물의 본질을 꿰뚫어 보는 눈이 없습니다. 아무리 이치에 통달한 사람이라도 세상을 보는 능력에는 분명 한계가 있고 심지어는 진짜라고 믿었던 것에 발등 찍힐 때도 있지요. 이렇게 정보의 불완전함을 잘 설명해 주는 것이 바로 '빙산 이론(Iceburg Theory)'입니다.

빙산이 왠지 모를 장엄하고 웅대한 분위기를 풍기는 까닭은 그것의 8분의 1만 수면 위로 드러나 있기 때문입니다. 나머지는 수면 아래에 잠겨 있지요. 얼핏 보면 사소해 보이지만 사실 엄청난 무기를 품고 있는 모양새입니다. 이렇듯 눈에 보이는 것은 보이지 않는 것에 비하면 빙산의 일각에 불과합니다. 수면 위로 나온 것은 누구나 쉽게 인지할 수 있지만, 언제나 문제는 수면 아래의 것들입니다!

작가 어니스트 헤밍웨이(Ernest M. Hemingway)는 '빙산 이론'에 대해 언급했는데요.

"만약 한 산문 작가가 자기가 무슨 글을 쓰고 있는지에 대하여 충분히 알고 있다면 자신이 알고 있는 바를 생략할 수 있으며, 작가가 충분히 진실 되게 글을 쓰고 있다면 독자들은 마치 작가가 그것들을 진술한 것과 마찬가지로 강렬한 느낌을 받게 될 것이다. 빙산 이동의 위엄은 오직 8분의 1에 해당하는 부분만이 물 위에 떠 있다는 데 있다."라고 말하며, 이론의 특성을 자신의 본업과 함께 잘 연결하여 설명했습니다.

정보의 불완전함은 어디에서나 볼 수 있습니다. 신규 채용을 위해 모인 후보생들을 데리고 면접을 볼 때, 대부분의 경우 심사위원들은 이력서와 질문을 통해 그들을 파악합니다. 그 짧은 시간 동안 알 수 있는 학력, 경력, 자격증 유무, 자기소개서는 말 그대로 수면 위에 떠 있는 것들이지요. 아직 보여주지 못한 능력이나 그 사람만의 장점은 수면 아래에 가라앉아 제 모습을 드러내지 못하고 있습니다.

하지만 결과는 드러나 있는 빙산의 조각에 따라 결정됩니다. 누구의 것이 더 큰지 재고 평가하면서요. 드러나 있는 빙산의 조각이 크다고 해서 수면 아래의 나머지도 크다는 보장은 없을 텐데 말입니다.

대부분 사람은 눈에 보이는 가치만 쫓고 판단합니다. '많은 양의 재산' 뒤에 숨겨져 주축을 이루는 '지식, 경험, 능력'을 간과한 채로요. 겉만 보고 숨겨진 것을 보지 못하면 엄청난 낭패입니다. 따라서 우리는 빙산의 아래를 인지하는 데 주의를 기울일 줄 아는 지혜를 가져야겠습니다.

모든 사람은 이것이든 저것이든 하나를 선택한다.
그리고 그들은 그것에 대하여 책임을 져야만 된다.
Every one makes a choice one or another.
And then must take the consequences.

− T.S.엘리어트

제5장

투자대상 선정의 함정

여러 결산기에 걸쳐서 매출과 수익 증가에도 불구하고 영업상 현금의 출입을 나타내는 '영업 현금수지'가 전부 마이너스인 기업에 대해서는 반드시 주의해야만 합니다. 그러한 기업을 발견했을 때에는 그 기업의 대차대조표를 보면 그 이유를 알 수 있습니다. 총자산에서 차지하는 '외상매출금'의 비율이 계속해서 증가하고 있는 기업은 주의가 필요합니다.

기업가치
바로 알기

하수   주주우대나 배당 등에만 근거하여 투자하고 그것보다도 훨씬 큰 비
중을 차지하는 기업가치는 무시해버리는 사람

고수   기업가치가 어느 정도인지 먼저 생각하여 투자하고, 주주우대 같은
혜택이 있으면 수익에 조금 보탬이 될 정도라고 생각하는 사람

'기업가치'라고 하는 표현만큼 정의가 애매하게 사용되고 있는 단어
가 또 있을까요? 기업가치란 기업과 관련된 이해당사자들 각자의 입장
에 따라 다르기 때문입니다.

예를 들면 직원 입장에서 본 기업이란 '노동력을 제공하고 그 대가로
임금을 받는 상대방'이라고 하는 가치가 있을 것이고, 거래처 입장에서

본 기업이란 '원자재 등을 제공하고 그 대가로 대금을 받는 상대방'이라고 하는 가치가 있는 것이지요. 그런데 경제전문지 등에서 사용될 때의 '기업가치'라고 하는 것은 일반적으로 '투자자 입장에서 본 기업가치'를 의미합니다. 또한 이 책에서도 마찬가지로 기업가치를 '투자자 입장에서 본 기업가치'라고 정의하고 있습니다.

자, 그렇다면 '투자자'라고 하는 것은 과연 누구일까? 하는 것이 문제가 되는데 이것은 당연한 사항이지만 '즉주 및 (은행이나 회사채 보유자와 같은) 채권자'입니다. 즉 '기업가치 = 주주가치 + 채권자가치'가 되는 것이지요.

참고로 주주와 채권자의 차이점을 설명해 드릴게요. 채권자란 기업과의 관계에서 이자라고 하는 리턴과 원금 상환기한을 약속한 투자형태를 취하는 투자자이며, 주주란 기업과의 관계에서 리턴을 약속하는 대신에 의결권을 갖는 투자형태를 취하는 투자자를 의미합니다.

따라서 채권자는 기업의 실적 여부와 관계없이 그 회사가 도산하지 않는 한 일정한 리턴이 보장되어 있습니다. 하지만 그 대신에 회사 실적이 비약적으로 신장하더라도 적어도 현 계약 기간에 그리고 채권가격이 변동되지 않을 경우 리턴에 변화가 없는 관계입니다. 한편 주주는 기업의 실적이 좋아지든 나빠지든 그 '영향'을 받는 관계인 것이지요.

흔히 말하는 'High Risk, High Return'의 관계가 주주, 'Low Risk, Low Return'의 관계가 채권자라 할 수 있습니다.

그렇다면 이러한 '기업가치'는 어떻게 해서 평가할 것인가? 라는 문제가 생기게 되는데, 이것은 그 기업의 '사업가치'와 '비사업용 자산'을 합산한 값입니다.

'사업가치'란 그 사업이 '미래에 만들어 낼 것으로 예상하는 현금수지'에 따라 평가합니다. 이 경우의 현금수지란 '투자자 이외의 이해당사자들에 대한 경제가치 배분과 사업을 지속하기 위해 투자를 하고 난 나머지', 즉 투자자들에게 귀속되는 현금수지를 의미하는 것입니다.

또한 기업에는 사업에 투하되지 않는 자산, 즉 '비사업용 자산'이라고 하는 것이 있습니다. 예를 들면 사업에 사용되지 않는 부동산, 남는 현금 등의 자산들도 기업가치의 일부이기 때문에 확실히 합산하게 됩니다. 즉 '그 기업의 사업이 미래에 만들어 낼 것으로 예상되는 현금수지의 현재가치'인 '사업가치'와 '그 기업이 사업과 관계없이 소유하고 있는 자산의 현재가치'인 '비사업용 자산'의 합계를 '투자자 입장에서 본 기업가치'라고 표현하며, 이 기업가치를 나눠 갖는 것이 바로 주주와 채권자들이 되는 것입니다.

결국 주주가치는 '주주가치 = 기업가치 − 채권자가치'에 의해 비로소 구해지는 것을 의미합니다. 참고로 주주가치를 증권화하여 잘게 나눈 것이 '주식'의 정체입니다.

주가×발행된 총 주식 수량을 일반적으로 '주식시가총액'이라고 표현하는데 지금까지 살펴본 것처럼 주식시가총액을 담보해 주는 것은 다름 아닌 '주주가치'인 것이지요.

일반적으로 어떤 기업의 주가가 '높은 편'인지 '낮은 편'인지를 판단하는 기준은 '주주가치 > 시가총액'인 경우에 '낮은 편', '주주가치 < 시가총액'인 경우에 '높은 편'이라고 합니다. 얻어진 이익을 주주들에게 환원하는 방법의 하나로 배당과 주주우대라고 하는 것이 있는데, 이렇게 환원을 하는 데 있어서 주주가 가장 많이 생각해야만 하는 것은 바로 '주주가치'의 증대입니다.

기업의 사업활동이란 주식이나 유이자부채 등을 통해 조달한 자금을 사업에 투자하여 수익을 만들어 내는 것을 말합니다. 따라서 '어느 정도의 투자자본에 대해 어느 정도의 수익을 올렸는가?'라고 하는 '분수식 표현'에 주목을 하는 것이 무엇보다도 중요합니다.

그리고 그 상태를 미래까지 지속시킬 수 있는지 없는지를 동시에 고려해야만 하지요. 왜냐하면, 투자자 입장에서 본 기업가치란 그 기업이 미래에 걸쳐 만들게 될 것으로 예상되는 현금수지에 의해 계산되기 때문입니다.

예를 들어 1년 뒤에 1천만 원을 만들어 낼 것으로 예상되는 투자대상이 있다고 가정해 보겠습니다. 이때 1년 뒤의 1천만 원 이외에 일체의 수익이 없다고 한다면 이 투자대상의 '현재가치'는 1천만 원보다는 작고 1십 원보다는 큰 범위가 될 것입니다.

이 투자대상으로부터 앞으로 1년 만에 30퍼센트의 이윤을 얻고자 한다면(30퍼센트 정도의 이윤을 기대할 수 없으면 투자를 할 수 없을 정도로 리스크가 있다고 생각한다면) 지금 현재의 타당한 가격은 약 7백7십만 원 정도일 것입니다. 7백7십만 원을 연이율 30퍼센트로 운용할 수 있다면 1년 뒤에 거의 1천만 원이 되는 것이지요.

그런데 이 투자대상이 2년 뒤에도 1천만 원을 만들어 낼 것으로 예상되는 경우에 이 1천만 원도 현재의 타당한 가격에 포함할 필요가 있습니다. 만약 30퍼센트의 이익을 기대할 경우에 2년 뒤의 1천만 원의 현재의 타당한 가격은 약 6백만 원 정도입니다. 연이율 30퍼센트라면 6백만 원이 1년 뒤에는 약 7백7십만 원, 7백7십만 원이 다시 1년 뒤에는 약 1천만 원이 됩니다.

따라서 1년 뒤에 1천만 원, 2년 뒤에도 1천만 원을 만들어 낼 것으로 예상되는 투자대상의 지금 현재의 타당한 가격은 7백7십만 원 + 6백만 원 = 1천3백만 원이 되는 것입니다. 물론 이것은 어디까지나 이익을

30퍼센트로 설정했을 경우의 계산입니다.

투자자 입장에서 본 기업가치란 이상에서 살펴본 바와 같이 해당 기업이 만들어 낼 것으로 예상되는 현금수지를 해당 기업에 대한 투자자의 리스크 인식(기대수익률)을 하고서 현재가치로 할인한 합계라고 할 수 있습니다.

따라서 기업가치를 평가할 경우에는 지난 결산기나 이번 결산기와 같이 '단독 결산기'의 실적만 갖고서 평가할 것이 아니라 해당 기업의 장기적인 성장에 주목해야겠습니다.

왜 똑똑한 사람이 어리석은 결정을 내릴까?

 S 군의 사례

누구나 인정하는 엄친아 S 군. 그는 소위 말하는 명문대를 졸업하고 미국 **MBA**로 유학을 다녀온 수재다. 업무적으로는 나무랄 데 없이 완벽한 그였지만, 완벽 속에 숨겨진 결점이 있었다. 바로 종종 어리석은 실수를 해 비웃음을 사는 것이다. 동창회에서 밑도 끝도 없는 잘난 체를 늘어놓아 친구들이 자신을 재수 없게 본다는 이야기를 제삼자에게 전해 들었을 정도이다. 하지만 그는 부러워서 질투하는 것뿐이라며 오히려 긍정적으로 받아들인다. 그래서인지 현재 직장을 세 번 이직한 사이 다른 친구들은 벌써 과장으로 진급했음에도, 조급해하기는커녕 자신이 더 우월하다는 환상 속에 빠져 있다.

한 번은 돈을 빌려 주식 투자를 하게 된 S 군. 수익을 낼 거라는 확신에 가득 찬 그의 자신감은 빛을 발하지 못한다. 일 년째 마이너스를 기록하며 별 수입을 못 내는 것이다. 미국에서 다년간 공부하며 쌓아온 경제 지식만 믿고, 공부로만 세상이 움직일 수 있다는 신념으로 행동한 그였지만, 어딘가가 부족하다고 느껴지는 건 왜일까?

빈틈없이 스마트해 보였던 사람에게서 엉성한 기운을 받는 아이러니함은 무엇 때문일까요? 실제로 S 군처럼 자신만의 확고한 믿음을 가진 사람들조차도 착각 속에 사는 경우가 많은데요. 이런 사람들이 심리적으로 세 가지 착각을 자주 한다고 합니다. S 군의 사례를 빌려, 그가 어떤 생각의 오류를 범하고 있었던 것인지 같이 살펴볼까요?

첫 번째로 사람들은 자기 우월적 착각을 합니다.

- **나의 운전 실력은 평균 이상이다.**
- **나의 유머감각은 평균 이상이다.**
- **직장에서 실적으로 보았을 때, 나는 회사에서 상위권에 속한다.**

만일 당신이 대다수의 사람이라면 이 세 가지 질문에 두 가지 정도는 '예'라고 답했을 것입니다. 즉 사람들은 자기 자신에 대해서 비현실적일 만큼 긍정적이란 뜻이지요.

1976년 칼리지보드에서 수험생에게 실시한 설문을 살펴보겠습니다. 85%가 자기 자신이 다른 사람과 어울리는 데 평균 이상이라고 답했으며, 70%는 리더십이 평균 이상이라고 답했고, 60% 이상은 스포츠에 재능이 있다고 답했습니다. 가장 열등한 능력을 보이는 사람들조차 자기 자신이 매우 많은 능력이 있다고 답했을 정도이지요. 심지어는 문법시험에서 하위 25%에 해당하는 사람들조차-스스로는 상위 25%에 해당할 것이라는 긍정적인 착각을 했다고 합니다.

두 번째로 낙천적 착각을 합니다.

대다수의 사람은 자신의 미래를 다른 사람의 미래보다 밝을 것이라고 전망했으며, 한 대학 신입생에 대한 설문조사에서 앞으로 겪게 될 나쁜 일과 좋은 일을 전망해보라고 한 결과 좋은 일만 생길 것이라는 답변이 그렇지 않은 경우보다 두 배 이상 많았습니다.

마지막으로는 통제적 착각을 합니다.

한 연구 결과에 따르면 1달러를 걸고 50달러를 벌 수 있는 제비뽑기에 참가한 두 그룹에 한 그룹은 직접카드를 뽑을 수 있는 선택권이 주어지고 나머지 그룹은 그렇지 않았습니다. 그리고 제비뽑기 전에 얼마에 카드를 뽑을 수 있는지 물었지요. 선택권이 주어진 쪽은 9달러를 제시한 반면 아닌 쪽은 2달러를 제시했습니다.

즉 자신이 통제권을 가졌다고 생각하는 사람은 성공의 가능성을 실제보다 높게 여기는 것입니다. 이러한 예는 자산관리자의 사례에서 쉽게 찾아볼 수 있습니다. 자산관리자의 투자수익률의 평균은 시간이 흐름에 따라 시장지표 평균보다 낮다는 통계가 있지요. 그 이유는 시장 평균수익률을 거두더라도 자신의 몸값과 임대료, 부대비용을 감안해야 하기 때문입니다. 그런데 의욕적인 자산관리자는 확률을 무시하고 자신이 평균 이상의 수익률을 가져올 것이라고 생각하는 것입니다.

이러한 이유가 왜 현명한 사람이 어리석은 결정을 내릴까? 하는 우문에 대한 답이라고 할 수 있습니다. 인간은 신이 아니기 때문에 이러한 착각의 범주에서 벗어날 수 없다고 봐야 하지요. 인생은 수학이 아닙니다. '1+1=2'와 같은 공식에 끼워 맞출 수 없는 경우의 수가 존재합니다. 따라서 너무 자만할 것이 아니라 겸손하며 앞뒤 상황을 분석하고 예측할 수 있는 통찰력이 필요합니다.

LESSON 39

신뢰할 수 없는
주가지수

하수 "이야, 주가수익비율(PER; Price-Earning Ratio)이 두 배잖아! 이익에 비하면 주가가 엄청나게 싼데! 바로 이럴 때 주식을 사두자!"라고 생각하는 사람

고수 "주가수익비율이 두 배라! 이유가 뭘까? 경쟁기업에 밀리는 모습이 있어서 미래 실적을 시장이 안 좋게 보고 있는 것 같은데!"라면서 주식을 매수하지 않는 사람

주가수익비율: **PER (Price Earnings Ratio)**

주가순자산비율: **PBR (Price Book-value Ratio)**

주당현금흐름비율: **PCFR (Price Cash Flow Ratio)**

주당순이익: **EPS (Earning Per Share)**

총자산이익률: **ROA (Return On Asset)**

자기자본이익률: **ROE (Return On Equity)**

이들 지표에서 공통되는 것은 무엇일까요?

"기업의 경영지표 아닌가요?" — 물론입니다.

"기업의 경영효율을 나타내는 지표겠지요?" — 물론입니다.

하지만 투자자들이 '가장 신뢰하는 지표'는 절대로 아닙니다.

왜 그럴까요? 결론부터 먼저 말씀드리면 전 세계 어느 시장에서도 앞선 지표들과 해당 기업의 주가 추이 사이에는 아무런 상관관계가 없습니다. 즉 앞선 지표들은 투자를 판단하는 데 있어서 '믿을 수 없는 것'들이라고 할 수 있지요.

몇 가지 지표에 공통되는 점은 이들 지표는 '어떤 기업의 단독 결산기 지표'에 지나지 않는다는 것입니다. 투자자 입장에서 본 기업가치(= 주주가치 + 채권자가치)는 해당 기업이 미래에 만들어 낼 것으로 예상되는 현금수지가 담보해 줍니다. 쉽게 말하면 시가총액과 기업가치는 해당 기업의 '장래성을 계산한 수치'인 것이지요. 만약 그렇지 않다면 지구상 모든 기업의 시가총액은 설명할 수 없어집니다.

현재부터 미래에 걸친 기업의 실적을 계산한 것이 시가총액이며, 이 시가총액과 채권자가치의 합계가 바로 투자자 입장에서 본 기업가치인 것입니다. 따라서 단독 결산기의 다양한 지표를 아무리 조합하더라도 시가총액과 기업가치의 '높고 낮음'을 판단할 지표는 될 수 없습니다.

투자자 입장에서 본 기업가치란 다름 아닌 해당 기업의 '적절한 가격'을 의미합니다. '적절한 가격'이란 다름 아닌 기업가치를 현금으로 변환시켰을 경우의 가격을 말하는 것이지요.

현금으로 변환시켜 기업가치를 측정하는 것이므로 당연히 그 인수(因數)는 현금이어야만 합니다. 따라서 투자자 입장에서 본 기업가치를 담보해 주는 근원이 되는 것은 바로 해당 기업이 만들게 될 '투자자에게 귀속되는 현금수지' 이외에는 없다고 할 것입니다.

분명 우리의 미래는 불안정하고 예측하기가 어렵습니다. 하지만 그렇다고 해서 미래의 실적을 무시해 버린다면 모든 나라 모든 기업 시가총액의 설명은 불가능해집니다.

투자라고 하는 것은 항상 미래의 전망에 따라 이루어집니다.

투자활동을 하는 데 있어서 동반되는 리스크와 리턴을 쉽게 '하나의 수치'로 정리할 수는 없는 법입니다.

실용 POINT 39
왜 가을에는 수익률이 곤두박질칠까?

 B 씨의 사례

> 유명한 펀드 매니저인 **B** 씨. 수입도 좋고 남부러울 것 없어 보이지만, 그에
> 게는 한 가지 골치 아픈 고민이 있다. 바로 가을만 되면 수익률이 곤두박질
> 치는 것. 한 달에 한 번씩 수익률을 확인하는데 유난히 가을에만 실적이 좋
> 지 않다.
>   곰곰이 생각해 보니, 평상시엔 공격적으로 투자하지만 이상하게도 9월 즈
> 음에는 힘을 쓰지 못하는 것 같기도 하다. 안 그래도 원인을 찾지 못해 전
> 전긍긍하는 그에게 가을 타냐는 둥, 너답지 않게 감상적이냐는 둥 쏟아지는
> 주변의 핀잔은 더욱 스트레스다. 도대체 왜 가을만 되면 수익률이 떨어지는
> 걸까? 무슨 병에라도 걸린걸까?

  '가을'은 고독이 연상되는 계절입니다. 온통 갈색으로 뒤덮인 세상과
트렌치코트를 입고 낙엽을 맞는 쓸쓸한 이미지가 떠오르곤 하는데요.
사례의 B 씨가 연상되지 않나요? 과연 B 씨가 앓고 있는 원인 모를 병
은 무엇일까요?
  실제로 가을을 심하게 타면서 아무것도 아닌 일에 우울해 하는 남자

들이 많다고 합니다. 의학에서는 이와 같은 현상을 계절성 정서장애(SAD; Seasonal Affective Disorder)라고도 합니다. 보통 인구의 10%가 SAD 성향을 가진 것으로 알려졌습니다.

　그런데 주식시장도 가을을 탄다는 사실 알고 계셨나요? 특별한 사건이 없다면 가을과 겨울에는 다른 계절보다 주가가 내려간다고 합니다. 왜 남자와 주식시장은 가을을 타는 것일까요? 우선, 과학자들은 SAD의 원인으로 계절에 따른 낮과 밤의 길이 차이를 가장 큰 원인으로 봅니다. 가을에 접어들면 낮이 짧아져 날이 빨리 저물지요. 그만큼 햇볕을 쬐는 시간도 줄어듭니다. 인체는 햇빛을 받아야 비타민 D를 합성할

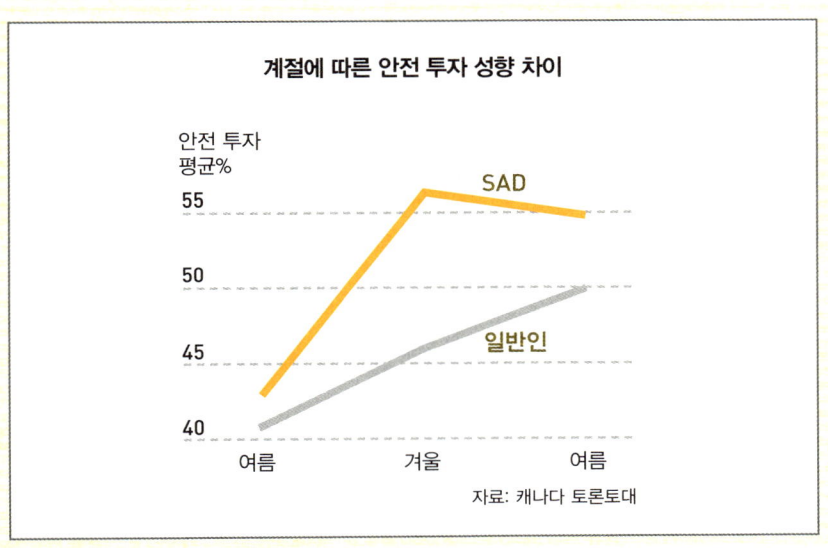

계절에 따른 안전 투자 성향 차이

안전 투자
평균%

SAD

일반인

55

50

45

40

여름　　　　　겨울　　　　　여름

자료: 캐나다 토론토대

수 있는데, 광합성 부족으로 인체에 비타민 D 합성이 자연스레 줄어듭니다.

여기서 문제가 생깁니다. 비타민 D는 남성호르몬인 테스토스테론(testosterone) 분비를 조절하지요. 가을을 타는 남자는 테스토스테론이 주는 행복감과 권력감을 누리지 못한 채 쉽게 좌절감에 빠집니다. 그러니까 낮이 짧아 적당량의 햇빛을 받지 못해 남성호르몬이 줄어들면서 나타나는 현상입니다.

그렇다면 주식시장은 왜 가을을 타는 걸까요? SAD 성향을 가진 사람일수록 가을부터 겨울에는 안전한 투자를 선호했습니다. 테스토스테론은 다른 사람과의 경쟁심이나 모험심에드 관여하는데, 이 호르몬 분비가 줄어듦으로써 과감히 투자하지 못하고 주춤합니다. 즉 가을을 타는 남자들은 가을부터 겨울에는 위험 부담을 꺼려 안전 위주의 투자를 한다는 이론입니다. 그러니까 유명 펀드매니저 B씨는 SAD 성향의 소유자였던 것입니다.

매출과 수익 증가의 함정

하수 "이 회사는 이익이 계속 늘어나고 있네. 이때 사면 틀림없이 돈을 벌 수 있을 거야!"라면서 손익계산서의 이익만으로 판단하는 사람

고수 "역시 매출과 수익이 증가했네. 하지만 현금수지가 좋지 않기 때문에 사면 안 되겠어!"라면서 현금수지에 주목하는 사람

일반적으로 '매출과 수익 증가'란 손익계산서상의 '매출액'과 '영업이익', '세공제후 이익' 등이 여러 결산기에 걸쳐 증가하는 경향에 있는 것을 나타내는 표현입니다. 물론 이 자체는 바람직하지만 이것만 갖고서는 그 기업이 정말로 수익을 내고 있는지 아닌지를 알 수 없습니다.

왜냐하면, 손익계산서상의 이익이라고 하는 것은 '실제로 현금을 벌어들인 결과'를 나타내는 것이 아니기 때문입니다.

　개인이 생활을 해나가기 위해 소비를 할 때 대부분의 경우에 상품을 받는 것과 대금을 지급하는 것이 동시에 이루어집니다. 하지만 기업 간에 거래할 경우에 대금의 지급과 물품의 접수가 동시에 이루어지는 경우는 거의 없습니다. 예를 들어 원가 1천 원의 원자재를 사들이면서 대금을 아직 지급하지 않은 경우에 회계상으로는 1천 원의 원자재가 자산으로 계상됩니다. 그리고 동시에 '외상매입금'이라고 하는 '언젠가는 지급해야만 하는 부채'가 계상됩니다. 즉 현금의 움직임이 발생하지 않았는데도 회계상의 숫자는 움직이는 것이지요. 한편 이 원자재를 가공하여 상품으로 만들고 이것을 2천 원에 고객에게 납품하였다고 가정해보겠습니다. 이 경우에도 회계상으로는 재고라고 하는 자산이 고객에게 건너가게 됨으로써 줄어든 대신에 '외상매출금'이라고 하는 '언젠가는 받게 될 자산'이 계상됩니다.

　일반적으로는 시간이 지남에 따라 '외상매입금'에 대해 현금을 지급하고, '외상매출금'에 대해서는 현금을 받으면서 거래가 완료됩니다. 하지만 손익계산서상에서는 실제로 현금의 입금이 발생하지 않은 '외상매출금'도 기업의 이익으로 계상되게 되어 있습니다.

　아무런 문제도 없는 것처럼 보이지만 받기로 되어 있는 '외상매출금'

에 해당하는 현금이 고객의 사정에 따라 예정된 시기가 되어서도 지급되지 않게 되거나 지급한다면 장부상으로는 이익이 난 것으로 되어 있지만, 그 이익을 증명해 주는 현금수지는 없는 상태가 되는 것이지요.

이러한 구조를 이용해 악덕경영주가 '장부상 이익'을 조작하는 일들이 가능해지는 것입니다. 예를 들어 고객과 짜고 판매한 것으로 하는 것만으로도 '매출'을 계상할 수 있기 때문입니다.

하지만 요즘은 기업의 현금 출입을 보여주는 '현금수지 계산서' 제출이 의무화되었기 때문에 현재는 기업의 현금 출입을 쉽게 확인할 수 있습니다.

여러 결산기에 걸쳐서 매출과 수익 증가에도 불구하고 영업상 현금의 출입을 나타내는 '영업 현금수지'가 전부 마이너스인 기업에 대해서는 반드시 주의해야만 합니다. 그러한 기업을 발견했을 때에는 그 기업의 대차대조표를 보면 그 이유를 알 수 있습니다. 총자산에서 차지하는 '외상매출금'의 비율이 계속해서 증가하고 있는 기업은 주의가 필요합니다.

속설로 해석한 경제

사람들은 경기가 어려울수록 속설을 믿는 오류에 쉽게 빠집니다. 섣불리 판단하고 행동하기보다는 리스크를 줄이기 위한 방어행동이지요. 따라서 일상생활에서 나타나는 특정한 행동 패턴으로 경기 호·불황을 유추하는 그럴듯한 이야기에 의지합니다.

'고속도로에 경차가 많이 보인다', '패스트푸드점 일자리 구하기가 어렵다', '속옷·하이힐·라면·콘돔 등이 잘 팔린다'와 같이 불황을 나타내는 속설에는 여러 가지가 있습니다. 미국의 한 인터넷 매체에서는 '별난 경제지수와 속설 10가지'를 소개했습니다. 예컨대 불황을 예측하는 지수로 기저귀발진 지수(비싼 기저귀의 판매량은 줄고 발진크림의 판매량은 증가), 웨이트리스 지수(손님을 끌기 위해 매력적인 여직원 고용) 등 심리적으로 눈길을 끌 만한 것들인데요. 이렇게 다양한 속설 가운데, 두 가지만 자세히 살펴보도록 하겠습니다.

첫 번째, 대표적인 속설로 '치마길이 이론'을 들 수 있습니다. 미니스

커트와 불황의 연결고리를 찾은 것이지요. 미국의 경제학자 마브리(Mabry)는 스커트 길이가 짧아지면 주가가 오른다고 주장했습니다. 1971년 뉴욕의 경제 상황과 치마 길이와의 상관관계를 나타내는 이론이었습니다.

반대 의견으로 경제학자 폴 나이스트롬(Paul Nystrom)이 1928년 〈패션의 경제학〉이란 저서에서 호황기에 치마가 길어지고 불황기엔 짧아진다고 주장했습니다. 제2차 세계대전 때 영국은 물자절약을 위해 짧은 치마를 권장했고, 경기가 나쁠수록 초라해 보이기 싫어하는 여성들이 짧고 도발적인 옷차림을 선택해 점차 길이가 짧아진다는 가설이었습니다.

이렇듯 두 학자는 유명 패션잡지에 실린 최신 여성복의 길이를 경제지표나 주가지수와 비교했습니다. 각자의 결론이 정반대인 이유는 우연히 맞아떨어진 단순한 상관관계를 진짜 인과관계로 부풀려 주관적으로 해석한 탓일 것입니다. 1960년대에 등장한 미니스커트는 여성의 자기표현 수단으로, 청바지와 더불어 스테디셀러일 뿐입니다. 마찬가지

의 예로 남성 정장의 소비가 줄면 경제 불황이라는 남성 의류용품 속설
도 함께 거론되고 있습니다.

두 번째, 붉은색 립스틱과
도 연결고리를 찾아볼 수 있
었는데요. 빨간 립스틱 구매
가 늘었다는 것은 경제에 빨
간 불이 켜졌다는 것을 의미
하는 속설입니다. 이는 립스
틱만 발라도 분위기가 바뀌
는 효과를 얻는다는 뜻이 경

제 상황에 적용된 것인데요. 빨간색 계통의 립스틱 하나만으로 화장의
화룡점정을 찍고, 얼굴이 화사해질 수 있기 때문입니다.

화장품 회사 '에스티로더'는 이와 관련해 립스틱 판매량과 경기의 상
관관계를 보여 주는 '립스틱 지수(Leading Lipstick Index)'를 만들기도 했
습니다. 그래서 경기가 불황일 때 저가임에도 소비자를 만족하게 해
줄 수 있는 상품이 잘 판매되는 현상을 '립스틱 효과'라고 부르기도 합
니다. 2008년 금융위기 이후 립스틱보다 파운데이션이 잘 팔려 이제는
'립스틱 효과' 대신 '파운데이션 효과'라고도 합니다.

국내의 사례를 보면 불황에는 소주가, 호황에는 맥주가 잘 팔린다고 하지만 이 이야기도 근거 없는 이야기입니다. 어떤 술이든 불황기에는 가정용이, 호황기에는 업소용이 많이 판매되고, 최근에 인기가 좋았던 막걸리 붐도 싼 가격 때문이 아니라 웰빙 바람의 덕을 본 것입니다.

이런 속설은 일부 맞는 것도 있지만 대개는 오해에서 비롯된 것이 많습니다. 어디까지나 입증되지 않은 가설이라는 점을 명심해야 합니다. 가볍게 웃고 넘기세요. 속설은 속설일 뿐 정설이나 학설이 될 수 없습니다!

부자가 되지 못 하는 40가지 함정

하수가 부자 되는 실용 POINT 40가지

초판 1쇄 발행 ┊ 2015년 8월 18일

지은이 ┊ 이타쿠라 유이치로
번역 ┊ 안양동
감수·편역 ┊ 김창수
기획편집총괄 ┊ 호혜정
편집 ┊ 호혜정 김소희
표지·본문 디자인 ┊ 김민정 이지은
교정·교열 ┊ 호혜정 김소희 김민지

펴낸곳 ┊ 리텍 콘텐츠
출판등록 ┊ 2011년 6월 28일 제 2011-000200호
주소 ┊ 서울시 용산구 새창로 217 토투밸리 405호
전화 ┊ 02-2051-0311 **팩스** ┊ 02-6280-0371
홈페이지 ┊ http://www.ritec.co.kr
블로그 ┊ NAVER [금융항아리]
카카오스토리채널 ┊ [책속의 처세]
ISBN ┊ 979-11-86151-02-0 (13320)

* 이 도서의 국립중앙도서관 출판예정도서목록(CIP)은 서지정보유통지원시스템
  홈페이지(http://seoji.nl.go.kr)와 국가자료공동목록시스템
  (http://www.nl.go.kr/kolisnet)에서 이용하실 수 있습니다. (CIP제어번호 : CIP2015019656)

(부자가 되지 못하는) 40가지 함정 : 하수가 부자되는 실용 point 40가지 / 이타쿠라 유이치로 지음 ; 김창수 감수
; 안양동 옮김.
— [서울] : Ritec Contents, 2015   p. ;   cm

원표제: おりこうさんおばかさんのお金の使い方
원저자명: 板倉雄一郎
일본어 원작을 한국어로 번역
ISBN 979-11-86151-02-0 13320 : ₩15500

부자(재산)[富者]
돈(화폐)

327.04-KDC6
332.024-DDC23   CIP2015019656